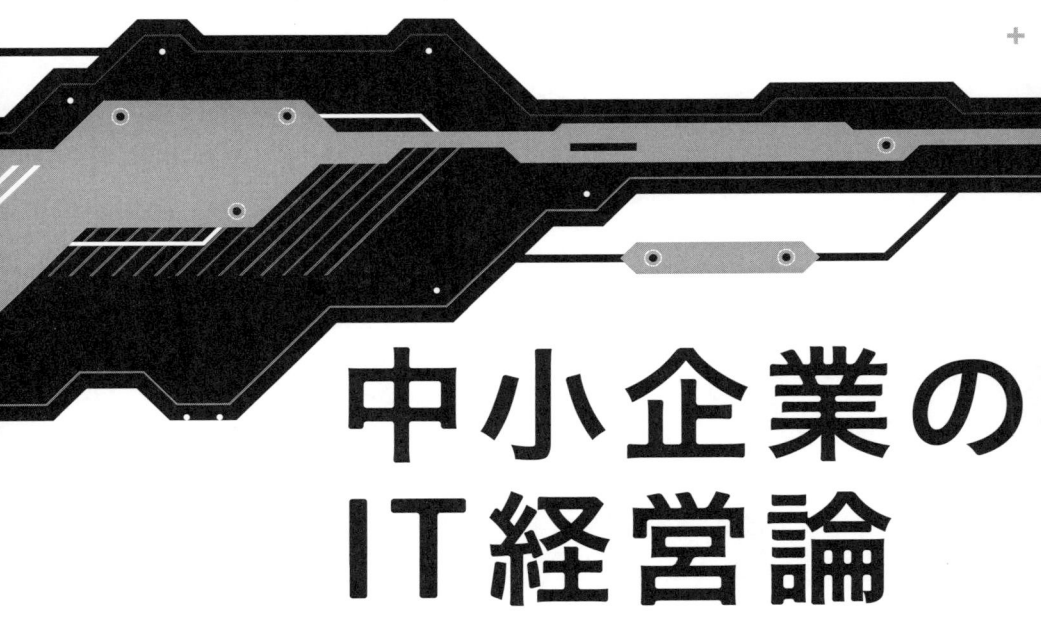

中小企業の
IT経営論

岡田浩一 [編著]　ITコーディネータ協会 協力

同友館

はじめに

　書店にいくと、中小企業に関する書籍を数多くみかけます。ネットショップをみても古本屋さんにいっても同様です。それらの書籍に目を通してみると、いつの時代に書かれた書籍にも、「今、中小企業の経営は厳しい」といった内容が必ずといっていいほど書かれています。この部分だけを読んでいると、中小企業の経営はやらない方がいいのではないかという気持ちにさえなってしまいます。

　なぜいつの世も中小企業の経営は厳しいのでしょうか。実は、厳しいのは中小企業だけではなく、大企業でも同様に厳しいのです。それは、企業をめぐる社会環境、経済環境がつねに変化しているからで、今日うまくいった経営が、明日も同じようにうまくいくとは限らず、経営を続けていくために、日々対応していかなければならないからです。

　さらに、企業経営をめぐる環境変化のスピードはより早く、その範囲はより大きくなってきています。グローバリゼーションの進展で、海外の動向があっという間に日本の企業への影響としてつたわってもきます。

　この変化のスピードアップと範囲の拡大を進めている背景には、IT技術の進歩と急速なITの普及があります。ITの技術進歩は、社会のいたるところに影響を及ぼしてきましたが、とくに1990年代からの影響が大きいといえます。

　1993年、アメリカのクリントン政権において、全米規模での高度情報通信ネットワーク構築への取組みが明言され、情報ハイウェイ構想（National Information Infrastructure）としてネットワークインフラ、通信網の整備に始まり、情報教育、情報産業の発展を促進する動きが急速に進むことになりました。

そして、アメリカのIT関連企業の動向は、加速度的に活発になり、ITバブルという異常な経済状況も生み出してしまいましたが、パソコンの普及や多くのアプリケーション・ソフトの投入など、ITが広く生活一般のなかに浸透して、社会全般に大きな影響を与えてくることになりました。

こうした動きを受けて、日本においても、ITの普及が進み、政策的な対応も求められました。2000年に、「高度情報通信ネットワーク社会形成基本法」（IT基本法）が制定され、翌年施行されるとともに「高度情報通信ネットワーク社会推進戦略本部（IT戦略本部）」が設置され、行政、企業などにおけるIT化推進をはかっていくことになります。

そして、"e-Japan戦略"、"e-Japan戦略Ⅱ"、"IT新改革戦略"、"i-Japan戦略2015"、"新たな情報通信技術戦略"など次々に発表し、IT化構想を拡大してきています。IT化という大きな社会の変化への対応の重要性と必要性を伺うことができます。さらに、経済産業省の推進資格としてITコーディネータ資格制度が設けられ、日本経済の活力の源泉である中小企業のさらなる成長・発展を支援する人材育成も進められました。

企業の努力、ITコーディネータなど外部人材の努力が積み重なり、ITをうまく活用して、社会変化を契機として成長・発展する中小企業が数多く登場してくることになります。

そこで、さらに多くの中小企業に、ITを活用して成長・発展してもらうことをめざして、2007年から経済産業省が主催し、独立行政法人情報処理推進機構、日本商工会議所、全国商工会連合会、全国中小企業団体中央会、特定非営利法人ITコーディネータ協会の共催によって『中小企業IT経営力大賞』がスタートしました。この賞には、

中小企業のIT活用の成功事例を広く顕彰することで、多くの中小企業に、IT化推進に取組むヒントや気付きを提供し、IT経営の実践に取組んでもらいたいという願いが込められています。

　2007年からこれまで、延べで約1,500社からの応募があり、約700社がIT経営実践認定企業として顕彰され、全国各地で、中小企業のIT活用模範事例としての役割をもって活躍されています。

　本書は、全国420万の中小企業経営者の方々に、IT化の進展による社会環境の変化を克服し、成長・発展をめざすにはITの活用が不可欠であることを意識してもらい、IT経営を実践していただくための啓蒙書と位置づけています。

　その意味で、これまで『中小企業IT経営力大賞』にて経済産業大臣賞を受賞された企業の事例集という形で本書に掲載しました。いずれの企業もITを経営戦略遂行ツールとして活用し、成長・発展をはかってきた企業です。単に業務プロセスの効率化やコスト削減のためのIT活用（守りの意識）ではなく、戦略的なIT活用（攻めの意識）を実践している、すなわち「IT経営」を実践している企業の事例としてみていただきたいと思っています。

　中小企業の成長・発展がなければ、日本経済の再生は期待できません。それゆえ、多くの中小企業経営者と中小企業を支援されている方々に、『中小企業IT経営力大賞』を知ってもらい、成功事例のヒントを活用してもらうことで、中小企業の成長・発展の可能性を高めていくことを願ってやみません。

2013年8月

執筆者一同

目　次

はじめに ———————————————————————— iii

I　中小企業にとってのIT経営とは　　1

1　IT普及による経営環境の変化 ———————— 2
（1）大きな変化の波 ———————————————— 2
（2）企業経営への影響 —————————————— 4

2　中小企業のIT活用取組みの遅れ ——————— 6
（1）中小企業のIT活用状況 ———————————— 6
（2）経営者のIT意識 ——————————————— 9

3　IT経営：ITと経営をつなぐ知識と知恵の活用 —— 11
（1）中小企業IT経営力大賞の意義 ————————— 11
（2）中小企業のIT経営とは ———————————— 14
（3）IT経営を可能とする組織のあり方 ——————— 17

4　IT経営に向けた意識改革 ——————————— 20

II 『中小企業IT経営力大賞』経済産業大臣賞受賞企業 事例紹介 ——— 27

- 株式会社　東洋ボデー ——— *29*
- 株式会社　八幡ねじ ——— *39*
- 株式会社　ヤマサキ ——— *47*
- 株式会社　タガミ・イーエクス ——— *57*
- 田中精工株式会社 ——— *65*
- 東海バネ工業株式会社 ——— *73*
- 株式会社　オオクシ ——— *81*
- 株式会社　ホワイト・ベアーファミリー ——— *91*
- 株式会社　グルメン ——— *99*
- 株式会社　メトロール ——— *109*
- 株式会社　小林製作所 ——— *119*
- 株式会社　モトックス ——— *129*
- 株式会社　ハッピー ——— *137*
- 株式会社　森鐵工所 ——— *147*

III 中小企業のIT経営推進 ——— 157

1　IT経営推進の手順 ——— *158*
- （1）経営課題の明確化 ——— *159*
- （2）業務プロセス構想の策定とその整備 ——— *160*
- （3）IT戦略の策定 ——— *160*

（4）情報システムの導入 ————————————— *162*
　　（5）運用体制の整備 ——————————————— *163*
　　（6）活用効果の監視と評価 ———————————— *165*

2　IT経営の推進体制 ——————————————————— *166*
　　（1）CIOの役割 ———————————————————— *167*
　　（2）運用体制の考え方 —————————————— *167*

3　中小企業のIT経営に関わる支援策の推移 ————— *172*
　　（1）国のIT化推進 —————————————————— *172*
　　（2）中小企業のIT化支援策 ———————————— *178*
　　（3）中小企業の支援機関 ————————————— *182*

Ⅳ　これからのIT経営に向けて　　　　　　　　*187*

1　スマホ・タブレット、クラウドで変わるIT経営 —— *188*
　　（1）中小企業のIT化は本当に遅れているのか ————— *188*
　　（2）新しいツールはすでに身近に ————————————— *189*

2　IT投資戦略の変革
　　（1）費用対効果を高めるIT投資戦略 ———————— *192*
　　（2）経営戦略を支援するIT投資戦略 ———————— *193*
　　（3）企業価値を高めるIT投資 ——————————— *196*

3　中小企業のIT経営基盤整備に向けて ───── 199
　（1）クラウドの利用が進まない本当の理由 ───── 199
　（2）新しいワインは新しいグラスに、古いワインは？ ── 200
　（3）情報システム構築はコラボ型で ───── 201
　（4）企業間の情報連携による資金の円滑化 ───── 202

4　まとめ ───── 205

I 中小企業にとってのIT経営とは

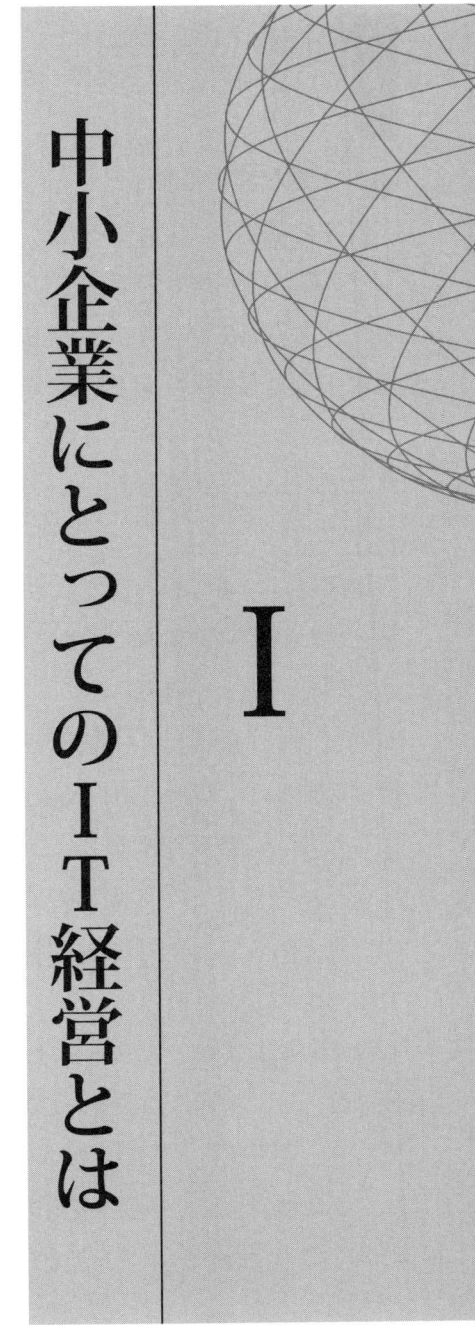

1 IT普及による経営環境の変化

(1) 大きな変化の波

　周りを見渡せば、いたるところでスマートフォン、携帯電話、タブレット端末の画面をのぞき込んでいる人、タッチパネルを操作している人があふれています。10年前にはなかった光景です。日進月歩で進化するIT技術は、IT関連企業によって新たな製品やサービスとして提供され、あらゆる場面で人々の活動のなかに入り込んでいき、消費者でありユーザである大衆の行動や意識を変化させているということです。

　企業経営の場にも同様のことがあてはまります。かつてME技術革新といわれて、製造業ではNC工作器機が普及し、小売業や卸売業ではPOSシステムが導入され、その後さらにパソコンが普及してくるなかで、企業が意識しているかどうかは別として、生産活動、サービス提供活動など、経営者も従業員もその行動様式を変化させてきました。すなわち、IT技術が進歩して、さまざまな場面にITが入り込むことによって生じてきたIT環境の変化は、企業経営をめぐる大きな環境の変化であって、必然的に企業経営に変化をもたらしているとともに、変化を求めているのです。

　後でもみますが、スマートフォンや携帯電話、タブレット端末の急速な普及は、消費者の思考や行動プロセスにも大きな変化をもたらしており、必然的に企業経営に大きな影響を及ぼしています。

　たとえば、企業が新製品を市場に送り出そうとして、テレビや雑誌、新聞などのマスメディアを通じて宣伝、広告活動をしていますが、肝

心の消費者がそうした従来的なマスメディアではない「場」から情報を獲得して、その情報に影響を受けた消費行動に変わってきていることもあげられます。

　街中のいたるところでスマートフォンやタブレット端末をのぞき込んでいる人たちの多くは、マスメディアから受動的に情報を得ているというよりも、能動的に何らかの情報を検索（search）したり、知人とのコミュニケーションをはかっていることが多く、さらに交流サイト（SNS：Social Networking Service）という「場」を通じて自分からも情報を発信しているケースが多いのです。

　そして、自分との人間関係を軸として流れる情報が、個人の嗜好や消費行動に最も大きな影響を与えるものとなってきています。日々増大して発信される情報量の多さも手伝って、自分にとって必要な情報を、自分の人間関係（ネット経由で展開される関係も含め）のなかから獲得し、自分とつながりのある誰か（個人、情報交流の場）に情報を提供している人が増えてきたわけです。

　総務省の資料によると、年々発信される情報量は大きくなり、個人が処理（消費）する情報量をはるかに超えるようになっていて、とりわけインターネット経由で流通する情報量の急速な伸びは、他のメディアを圧倒しています。その影響もあってか、テレビ放送など映像系メディアで流通する情報の99.996％はスルーされてしまう状況になっているという調査結果もあります（総務省情報通信政策研究所, 2009, p.72）。

　そして、消費者達にとって、自分の消費行動に関わる情報獲得は、SNSなどの「場」を利用して自分の人間関係（ネット経由で展開される人間関係も含め）を経由して得るスタイルに重きがおかれるように

なってきています[1]。

　こうなると、新製品や新サービスを提供しようとする企業は、従来のように、テレビなどでの宣伝、広告を続けることにたいして、費用対効果はどうなのかを考えることも当然ですが、これから広告、宣伝をどのようにしていったらよいのかということを考え、他の方法もとらなければならいと考えるようになるのではないでしょうか。

　当然ながら、マスメディアに関わる企業の側でも、そうした変化に対応した情報発信をして、宣伝、広告の情報価値を高めていくようにしなければならなくなります。

　このことは、ITの普及によって生じている消費者の行動や思考の変化のほんの1つの例ですが、まさに、企業をめぐる環境変化は常に進行していて、企業経営のあり方を見直すことを求め続けているのです。

（2）企業経営への影響

　環境の変化にたいする企業の意識について、興味深い調査がありました。図1－1をみてください。これは、企業経営者にたいして、IT化による環境変化の経営への影響を調べたアンケート結果です。

　「ITが普及することで企業経営にどのような影響がありましたか？」という問いにたいして、「業務スピードの要求増大」「同業他社との競争激化」「個別の顧客ニーズへの対応の要求増大」という回答が多くなされています。

　つまり、従来の企業経営にたいして、さらなる企業努力をして対応しなければならない厳しい要求がなされるようになっているということなのです。

　「いつの世も中小企業の経営は厳しい」ということを「はじめに」

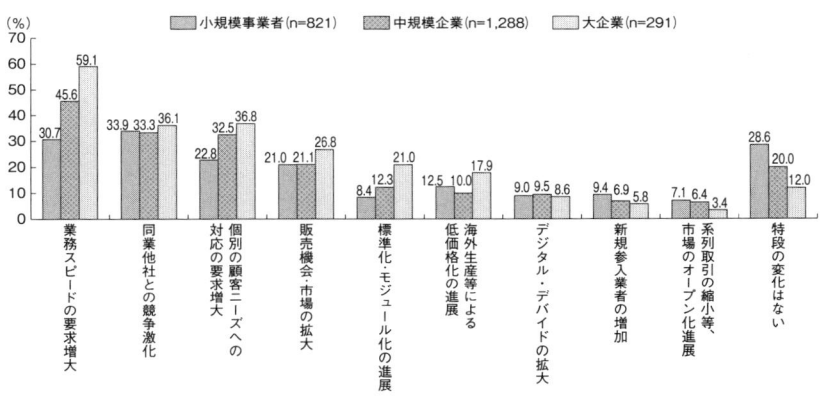

図1−1　規模別のITの普及に伴う市場や経営環境の変化の内容（複数回答）

出所：『2013年版　中小企業白書』p.173。

で書きましたが、それは企業をめぐる環境がつねに変化しているためであり、その変化に対応しない（できない）ならば、経営が厳しくなるのは必然的なことになってしまうということです。

　ITが急速に普及しているという大きな変化が、企業経営に、これまで以上の厳しい要求を増しているということは現実に起こっている変化なのです。この変化を問題であるととらえるか、逆に変化を新たなビジネスチャンスの苗床として利用していこうととらえるか、さまざまなとらえ方ができると思いますが、なんらの対応をとらないという選択肢は、よほどの理由がないかぎりありえないのではないでしょうか。

　シャーリーン・リーとジョシュ・バーノフは、こうした変化をグランズウェルと呼び、「不可逆の重大な変化であり、個人が企業や他者とつながる方法を大きく変えようとしている」として、その変化に抵

Ⅰ　中小企業にとってのIT経営とは　──　5

抗するのではなく、利用するということの重要性を述べています（シャーリーン＆ジョシュ, 2008, p.14）。

　消費者の意識や行動の変化は企業を変え、企業は消費者の意識や行動に影響をあたえる活動を展開しているわけですから、そのつながりを大きく変えてきているグランズウェル（大きなうねり）を企業経営者は意識しなければならないはずなのです。

　もちろんITの普及ということにかぎらず、さまざまな要因で企業をめぐる環境は変化していますから、そのいずれの変化にたいしてもグランズウェルと同様に意識し、対応をはかっていくか否かが、企業の存続・成長に関わる重要な分岐点といえます。

2　中小企業のIT活用取組みの遅れ

（1）中小企業のIT活用状況

　ITの普及によって企業経営をめぐる環境が大きく変化しているなかで、それに対応する、あるいは克服する手段として、うまくITを活用して企業の成長・発展をはかってきている企業と、そうではない企業とのあいだで二極化が進んでいるのも事実です。

　そして、日本の中小企業全体としては、ITの普及による環境変化への対応として、ITを活用する取組みを積極的におこなっていない企業の割合が高いようです。ITの普及によって生じる変化を克服していくには、ITを活用し、それによって対応していくことが必要になってくるのですが、ITの活用という点において、日本の中小企業は、あまりうまく進んでいないということなのです。

図1−2　日本企業のIT活用状況

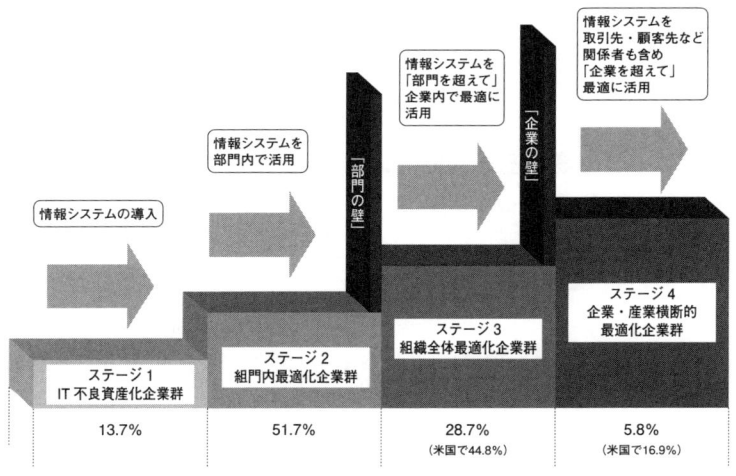

出典:経済産業省「『IT経営力指標』を用いた企業のIT利活用に関する現状調査(第2回)(平成20年3月)。
出所:経済産業省『IT経営ロードマップ 改訂版』2010年より。

　図1−2をみてください。これは、ITの活用度合いを4つのステージに分類して、日本の企業とアメリカの企業のIT活用の進展度を比較してみたものです。
　それぞれのステージの意味は以下のように分類されています。

■ステージ1（IT不良資産化企業群）

　パソコンなどITインフラは導入し、整えたが、ほとんど有効活用しておらず、IT資産が不良資産となっている状況。

■ステージ2（組織内最適化企業群）

　導入したITが、特定の部門での活用にとどまり、特定の業務の効率化やコスト削減のみにとどまっている状況。

■**ステージ３（組織全体最適化企業群）**

　導入したITが、企業内で部門の壁を越えて、全社的な効果発揮に活用されている状況。

■**ステージ４（企業・産業横断的最適化企業群）**

　導入したITが、全社的な活用を越え、さらに取引相手などとの間で効果的に活用されている状況。

　この４つのステージ状況を日米企業で比較してみると、日本の企業の約65％が、ステージ１、ステージ２という段階にとどまっています。ITをうまく活用している目安としてのステージ３以上の企業は、30％強というのが実態です。

　アメリカの企業ではどうかというと、日本とほぼ逆の比率で、ステージ３以上の企業群が多いのです。ITインフラという点では、日本は世界的にトップクラスといっても過言ではないにもかかわらず、その活用ということになると、まだまだITの可能性を引き出していない、あるいは活用しきれていない、もったいない状況の企業が多いということなのです。

　ここで、もったいないといっている理由は、単にITインフラを使いこなしていないということにとどまっているだけではありません。日本の中小企業の技術力やサービス提供力は世界的にみても大変優れているといわれていますが、ITを活用しないことによって、その「力」を発揮する「場」や機会を失っている、あるいは小さくしているということなのです。

　日本の中小企業がもっている「力」をより強く発揮していくことを

目指した戦略意識をもってITを活用していくことが大切なのです。

(2) 経営者のIT意識

　中小企業のIT活用状況を前で示しましたが、なぜ中小企業が、ITを戦略意識をもって活用していないのか、そしてなぜIT活用状況において、ステージ1、ステージ2にとどまっているケースが多いのかということを考えてみると、中小企業経営者のITにたいするやや偏った意識が影響しているように思われます。

　中小企業経営者向けのセミナーなど、多くのイベントが全国各地で開かれていますが、その際のセミナータイトルに「IT」という文字が入っていると、セミナー参加者が少なくなってしまうということをよく聞きます。

　「ITは、面倒くさい、うちには関係ない」と、最初から敬遠してしまう傾向があるようです。それは、ITが特別な技術の領域であって、自社の企業経営と一線を画し、どこか関係のない別な企業の事業領域であるという誤解が多いと思います。

　さらに問題なのは、ITには関心はあるし、その導入にも取組んではいるものの、それらを使う目的意識の面で、ITの活用につながっていかない壁があるということです。このことをあらわしている資料として、図1－3をみてください。

　この図は、日本と北米の企業が、ITの導入に関して、どのような目的や効果を期待して導入をはかっているのかという意識を比較したものです。

　日本と北米の企業ともに、IT投資において最も高い目的意識は、業務コストの削減、業務プロセスの効率化ということです。

図1-3 IT投資目的の日米（北米）比較

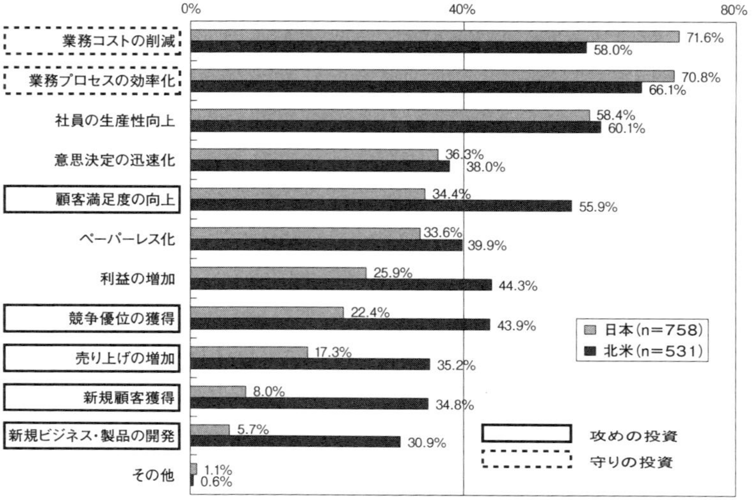

項目	日本	北米
業務コストの削減（守りの投資）	71.6%	58.0%
業務プロセスの効率化（守りの投資）	70.8%	66.1%
社員の生産性向上	58.4%	60.1%
意思決定の迅速化	36.3%	38.0%
顧客満足度の向上（攻めの投資）	34.4%	55.9%
ペーパーレス化	33.6%	39.9%
利益の増加	25.9%	44.3%
競争優位の獲得（攻めの投資）	22.4%	43.9%
売り上げの増加（攻めの投資）	17.3%	35.2%
新規顧客獲得（攻めの投資）	8.0%	34.8%
新規ビジネス・製品の開発（攻めの投資）	5.7%	30.9%
その他	1.1%	0.6%

日本(n=758)　北米(n=531)

出典：ガートナー（ITデマンド・リサーチ）「IT投資動向報告書2008年―日本と世界―」（2008年11月）
注：調査期間は、日本2007年11月&2008年5月、他地域2007年11～12月。
出所：経済産業省『IT経営ロードマップ　改訂版』2010年、p.7。

　問題なのは、顧客満足度の向上、競争優位の獲得、売上の増加、新規顧客獲得、新規ビジネス・製品の開発といった目的意識に関して、日本の企業と北米の企業との間に大きな違いがあるという点です。

　業務コストの削減、業務プロセスの効率化は、企業経営にとって大変重要なことですので、目的意識が高いというのは当然です。しかし、この目的だけにとどまって、IT導入を進めても、短期的には利益率の向上は期待できると思いますが、経営環境変化を克服しての企業成長・発展につながるとはいえません。

　いってみれば、コスト削減、業務プロセスの効率化だけでは、価格競争の蟻地獄に身を置くことになり、企業の体力を絞り削っていく籠城戦を目指すようなものです。それゆえ、コスト削減、業務プロセス

の効率化だけの意識を「守りの投資」ととらえているのです。

　企業の成長・発展のみならず、厳しい経営環境の克服を目指そうとすれば、やはり既存顧客の維持、新規顧客の拡大、競争力を高めることや、新たなビジネスモデルを構築することなどによって、売上や利益を増大させていく必要があるわけで、まさに「攻めの投資」といった意識が必要になるのです。

　いま、中小企業に求められるIT導入のとらえ方は、「守り」と「攻め」の両方を意識することで、企業の成長・発展に向けた経営戦略をもって、それを遂行していくということなのです。

3　IT経営：ITと経営をつなぐ知識と知恵の活用

(1) 中小企業IT経営力大賞の意義

　中小企業のIT化の推進によって、中小企業の成長・発展をはかっていくことを目指している政策のひとつに、経済産業省が主催して2007年からおこなっている『中小企業IT経営力大賞』があります。この賞は、中小企業がITを新たなビジネスツールとしてとらえ、守りの分野のみに活用するのではなく、攻めの分野にも高度に活用することによって、経営力を高め、成長・発展をはかっていくことを支援するものです。

　そして、ITを高度に活用する経営スタイルの例示として、次のような7つをあげています。

- 業務プロセスの再構築にITを活用した顧客満足や生産性の向上。

- 取引・顧客情報などを利用した営業・マーケティングの改革、新製品や新サービスの開発。
- ネットワークインフラ整備による社内、遠隔地、モバイル環境でのコミュニケーションの充実。
- ノウハウの蓄積・共有による人材の強化、ビジネスの付加価値の向上。
- 業務プロセス全体の可視化によるマネジメントの高度化。
- ITの活用による新たなビジネスモデルの構築。
- その他、ITの活用による企業競争力強化など。

　もちろん、この例示以外のこともあろうかとは思いますし、社会の変化のなかで、さらなる期待も出てくると思いますが、少なくとも「攻めの投資」意識をもってIT活用していけば、この7つの例示にある内容を実現でき、中小企業の成長・発展の可能性を高めていくことになるのです。

　もちろん、「守りの投資」意識に関しても、決して否定するものではありません。業務コストの削減、業務プロセスの効率化は、企業にとって大変重要なことであり、経営者だれもが意識しなければならないことです。

　だた、「守りの投資」はゴールではなく、それによってもたらされることになる「余」を従業員の能力発揮、資金活用などに活かせるような資源配分に向けていくことで「守りの投資」意識が、それだけにとどまらず「攻めの投資」意識へと拡大していくプロセスをもたなければならないということなのです。

　このことを企業にとって、より身近なものととらえていこうとする

とき、資源ベース理論（Resource Based View）の考え方が役立つのではないかと思います。資源ベース理論の考え方は、おおよそ以下のようなことです。

企業は4つの経営資源（ヒト・モノ・カネ・情報）と3つの資産（有形資産・無形資産・組織のケイパビリティ）によって構成される固有の組織で、その組み合わせと活用のあり方は、企業ごとにみなそれぞれ異なっています。そして、どのような資源が、競争優位を獲得するのに有効であるか、競争優位を獲得するために、それぞれの資源をどのように形成し、配分し、活用していくかを追求していこうとするものです。そして、こうした資源の活用によって、自社独自の競争優位を得ていくことが、企業の存続、成長・発展の原動力となるというものです（コリス＆モンゴメリー, 2004）。

中小企業は経営資源が乏しく、大企業と競争しても勝てるはずがないし、取引関係においては大企業のバイイングパワーのもとで耐えていかなければならないということをよく聞きます。

しかし、資源ベース理論で考えてみれば、競争優位の源泉、取引の交渉力の源泉は、自社の経営資源と資産の組み合わせと活用によって生みだす付加価値にあります。そして、固有な存在であるそれぞれの企業ごとに異なる経営資源と資産をどのように独自性、優位性があるものとして活用するかによって、取引相手や消費者との関係において自社を有利な位置にしていくことができるのです[2]。この思考に基づいて、自社の優位性を高めていく際に、ITというツール（手段）が効果的な役割を果たすのです。

『中小企業IT経営力大賞』で、経済産業大臣賞や優秀賞を受賞した企業は、自社の経営資源と資産をIT活用によって、一般にいわれる

中小企業のハンディを克服して成長・発展を成し遂げている企業の事例なのです。

　こうした事例企業を顕彰し、中小企業経営者をはじめ、中小企業経営に関わる多くの方々に「気付き」やヒントとして自社の企業経営に役立ててもらいたいという願いが『中小企業IT経営力大賞』には込められています。

（2） 中小企業のIT経営とは

　「IT経営」について、明確な定義はありませんが、『中小企業IT経営力大賞』においては、経営戦略・経営革新の実現のために前項で示した7例示のような取組みで成果をあげる経営スタイルを「IT経営」ととらえています。

　また、経済産業省の『IT経営ロードマップ』においては、「IT投資本来の効果を享受するためには、目的なく、単に現業をIT化するだけでは、不十分であり、自社のビジネスモデルを再確認したうえで経営の視点を得ながら、業務とITとの橋渡しを行っていくことが重要です。このような、経営・業務・ITの融合による企業価値の最大化を目指すことを『IT経営』と定義する」としています（経済産業省, 2010）。

　それぞれ表現は違いますが、要は、よりよい経営を目指していくために、現代社会において急速に進歩し、あらゆる場面に影響を及ぼしているITというツール（手段）を戦略的に活用し、企業の成長・発展に結びつけていこうということです。

　単にITを導入することが「IT経営」ではないということを最初に気をつけなければなりません。「IT経営」という際には、戦略的にIT

を活用していくということが大切であり、そのためには、そもそもの「経営力」が必要となるのです。

『中小企業IT経営力大賞』で経済産業大臣賞を受賞した企業をはじめ、優秀賞に選ばれた企業の経営者に共通していえることは、「もし今、ITがない時代であったとしても、企業が置かれた状況のなかで、何か他の手段を講じて企業を成功に導いていたのであろう」という企業家として変化を克服していく力をもった方々であるということです。

この力を発揮するプロセスは、簡単にいえば、明確な企業理念をもってビジネスモデルをしっかりと創り、それを実現していくための最適な経営戦略を構築し、遂行することです。そして、このプロセス全体で、知恵を活かしてさらに効果的なパフォーマンスを発揮していくことができる組織をつくっていくことも不可欠です。

現代社会は、このプロセスに、ITというツール（手段）を活用することで、より大きな成果、効果を生み出していく工夫を組み込む知識と知恵の活用が条件になってきているのです。

なぜなら、先にも述べたように、ITは、われわれの生活のあらゆる場面に入り込み、企業のなかにも大衆のなかにも当たり前のように存在し、当たり前のように使われているからです（Carr,2003）。

誰もが当たり前にもち、当たり前に使っているものを、一歩先んじて活用していく工夫の力も企業家の力なのです。

ITの技術がいかに進歩したとはいえ、まだITは自動的に自社の経営戦略を考えてくれるものではありません。自社にとっての最適な経営資源と資産の配分を工夫し、最適な経営戦略を策定していくことは、やはりヒトの知恵でなされるものです。

それゆえ、経営戦略はヒトの知識と知恵の結晶といえます。ここで

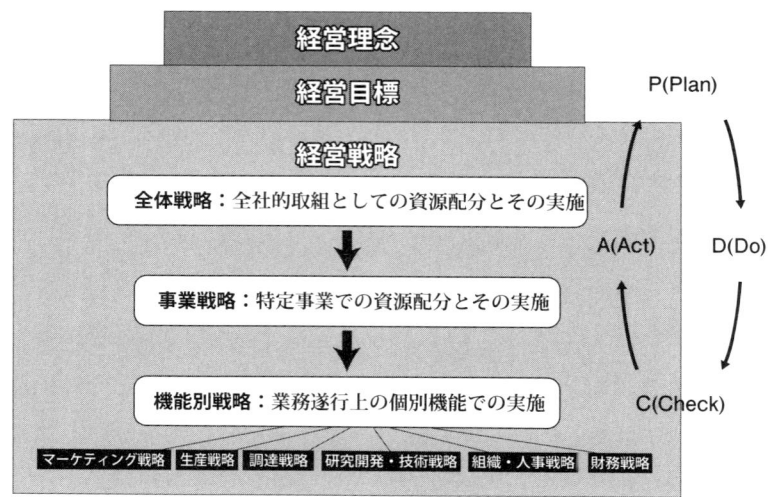

図1-4　戦略イメージ図

出所:著者作成

知識と知恵の議論はしませんが、それぞれの企業が、どのようにして戦略を策定するのか、どのように戦略を遂行するのかなど、「どのように」という知識と知恵を発揮しなければならない要素が詰まっているからです。

　もちろん、経営戦略の前提には、企業の明確な目的や目標がなければなりません。非常に単純な図式ですが、企業がゴーイング・コンサーン（継続事業体）として存続・成長・発展をしていく一連の流れは、事業を通じて企業理念を実現していくために、一定の目標を設定し（企業目標）、それを実現していくための方策として経営戦略を策定、遂行していくというものです。

　その際、経営戦略は、目的、目標に応じて、全社戦略、事業別戦略、機能別戦略（マーケティング戦略、生産・調達戦略、研究開発・技術

図1-5　IT経営のイメージ

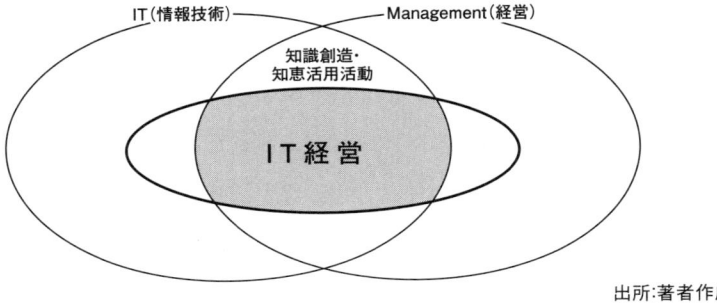

出所:著者作成

戦略などなど）に細分化してPDCA（Plan-Do-Check-Act）サイクルを回しながら遂行されていきます（図1-4参照）。

　今日の社会は、このサイクルにITを「どのように」活用していくかという知識と知恵を発揮しなければならない状況になっていることは先にも述べたとおりです。IT関連産業によって日々新たな製品やサービスが提供され、その使用（利用）範囲の拡大を続けているIT領域と、日々変化を克服して存続・成長・発展を目指して努力している経営が、ヒトの知識と知恵をもって結びつけられている領域こそ「IT経営」であって、今日の企業経営において、不可欠な取組みなのです。

(3) IT経営を可能とする組織のあり方

　企業がITをうまく活用していくためには、活用のための企業素地がなければなりません。単にITインフラを整備し、システムやアプリケーションを導入すれば、うまく経営の効果を生み出すことができるという短絡的な関係ではありません。ITを導入したら、逆に従業員の負担が大きくなったり、面倒なことが多くなるなど大変なことに

なってしまったというケースも少なくありません。

　ITを活用できる企業の基盤がなければならないのです。その基盤については、「組織IQ」とか「デジタル組織」といわれていて、「IT経営」を目指す際には、意識しておかなければならない点です。

　「組織IQ」とは、IT活用を効果的に活用できる組織的基盤であって、「俊敏に情報を処理し、実行可能な意思決定に変換する能力の尺度」であり、「戦略を効果的に実行するための組織の働き度の指標と、組織における情報活用と資源活用という2つの側面が、如何に効率的に機能するかという度合い」を示すものです。

　この度合いが高い組織ほどIT活用の効果が高くなるということで、具体的には、
① 企業の環境変化をしっかりと認識できるかどうかの外部情報感度を高めること。
② 企業のそれぞれのレベルで必要とされる意思決定の権限や範囲が明確であり、かつ効率的であるかどうかという意思決定のアーキテクチャーを構築しておくこと。
③ 企業にとっての有効な意思決定がなされるために、必要な情報が、関連する部署、ヒト、あるいは全社的に共有されているかどうかという内部知識流通を円滑にしておくこと。
④ 全社的に「選択と集中」が理解され、「見える化」されることで進むべき方向が理解されているかどうかという組織フォーカス。
⑤ 継続的にイノベーションに取り組んでいるかどうかという継続的革新。

という5つが主な視点になっています（平野, 2007, pp.85-101; Mendelson & Ziglaer, 1998, p.3）。

「デジタル組織」とは、従来の紙ベースのシステムから、その関連技術を使うデジタルシステムに移行することからはじめ、意思決定権をもつヒトを幅広く増やし、意思決定責任と決定権を分散するとともに、社内の情報アクセスを促進し、コミュニケーションを活発にしていくこと、個人の業績にも続いた給与体系をもって、報奨制度とリンクさせ、さらに事業目的を絞り込んで、社員が組織の目標を共有することなどを実践している組織のことです（ブリニョルフソン, 2004, pp.38-48）。

　そして、「組織IQ」「デジタル組織」のいずれにも共通しているのは、全社一丸となって経営資源活用に結びつけていくための組織の基本的なあり方への示唆です。

　「IT経営」の取組みに際しては、経営者や一部の従業員だけでは大きな効果を期待することはできません。たとえば、ITの導入が業務効率を高めて、人件費の削減につながるという理由で従業員数を減らしていく様子をみたら、従業員達は、「ITは、自分たちの雇用の場を奪う敵」という存在としてITをとらえてしまうでしょう。これでは全社一丸となってのIT化推進に取組めないために、IT活用ステージでみたステージ3（組織全体最適化企業群）には進めないでしょう。

　関連する事例ですが、SFA（Sales Force Automation）の導入が始まった頃のアメリカの企業において、その導入に最も大きな抵抗を示したのは、SFAで支援され、最も恩恵を受けると思われるはずの営業部門の人たちだったそうです。

　本来、SFAによって営業担当者は、さまざまな業務を効率化でき、その分さらに顧客サポートを強化できるといった効果が期待されますし、企業にとっては、営業とマーケッティングの連携、意志決定支

援の強化などが進むという期待がありました。

しかし当初、営業担当者達は、自分たちが蓄積してきたノウハウや情報が共有化されることで、自身の存在価値が低下するのではないか、リストラされるのではないか、あるいは管理が強化されるのではないかという脅威を感じ、抵抗を強めたそうです。

そのため、会社側は、SFAは、営業とマーケッティング事業など他の事業部門と情報を共有し、連携をはかることができなければ効果を期待することができないことから、営業部門に、本来のSFAの主旨とその導入成果のイメージをしっかりと説明し、リストラのためではなく、従業員達のいっそうの能力発揮につなげるための導入であるという理解を得たうえでSFAを導入しました。

その結果、特定の事業部門だけではなく、各部門の連携がスムースにおこなわれるようになり、営業担当者達は、それまで以上の顧客サービスを実施することができるようになっただけではなく、他業務の担当者達との連携により企業経営全体のパフォーマンス向上に貢献していったのです。

全社的な理解を得て、全社一丸となってIT導入の成果をあげていくという社内の環境づくりも「IT経営」には必要なのです。

4　IT経営に向けた意識改革

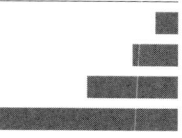

今、「IT経営」に取組んでいない、あるいはIT導入はしたが、その成果が思うように実現できていないと思っておられる中小企業経営者が、「IT経営」に取組んでいこうとするとき、最も必要なのは、やは

り経営者のITにたいする意識をかえていくことだといえます。
「IT経営」は全社一丸となって取組まなければ、本来の成果はあがりません。全社一丸となって取組める組織をつくり、それを牽引するリーダーは、経営者自身なのです。

　企業経営者は、以下の3つの"I"の性格を備えています。

Inventor （投資家）
Innovator （革新・発明家）
Imitator （模倣者）

　企業経営者は、「変化」を敏感にキャッチし、企業にとっての良い方向性を目標として打ち出し、それを達成していくための方策を実行していかなければなりません。あるときは革新的なビジネスモデルをもって、あるいは製品の革新、技術的な革新を軸に、企業成長のための投資をおこなっていきます。

　その際、競合他社や異分野企業の事例などさまざまな要素が何らかのヒントとなっていることが多いと思います。"Imitator"の意味は、単なる模倣者ということではなく、自社に適した形で、他社・他者のヒントを応用するという意味で、まさに資源ベース理論の考え方をもって「自社ならば、なにをどのように」と考え、実行にうつしていくというものです。

　企業家研究で著名なI.M.カーズナーは、企業家的行動について、競争と機敏性をキーワードにして、「あらゆる企業家的行為は必然的に競争的であり、競争することは、買い手に他者の提案よりも魅力的な取引を、あるいはまた売り手により魅力的な取引を提案するよう行動

することである」として、「企業家的に行動することは、新しいアイディア、よりよい生産物、より魅力的な価格や新しい生産技術を携えて市場に参入することであり、このような行動は、必然的に他者と競争することである」といっています（カーズナー, 2001, pp.81-82）。

　簡単にいえば、企業経営者は、変化を見いだすための幅広いアンテナを張って、変化を素早く、正確にキャッチし、それにたいして機敏に対応して、自社の競争優位性を高めていくということなのです。企業家は、その対応にITというツール（手段）を用いることが効果的である社会環境に変わってきていることを意識しておく必要があることについてこれまで述べてきました。

　しかし、中小企業の経営において、そうした意識があまり高くないことや、「IT経営」への取組みが遅れている実態について前で示したことと同様に、環境の変化にたいするとらえ方もいささか消極的なようです。

　たとえば、クラウドという言葉が、あちらこちらで聞かれるようになりました。これはITの単なる技術進歩なのでしょうか。あるいはIT関連産業の範囲で完結する新展開なのでしょうか。

　ユーザである中小企業にとっては、ITコスト面でのメリットやシステム開発期間の短縮、多様なアプリケーションの選択肢の増大、ITメインテナンス作業からの解放など、企業において、さらなる「余」を生み出すチャンスということも考えられます。

　そうしたサービスを提供するITベンダからは、その効果や期待が数多く情報発信されています。もちろんクラウドの問題点の指摘も多くなされていますが、少なくともITの「所有」から「利用」というコンセプトをベースにした変化がおこっているわけで、クラウド化が

図1-6 「クラウドがもたらすと考えられる効果」のうち、最も重要なもの

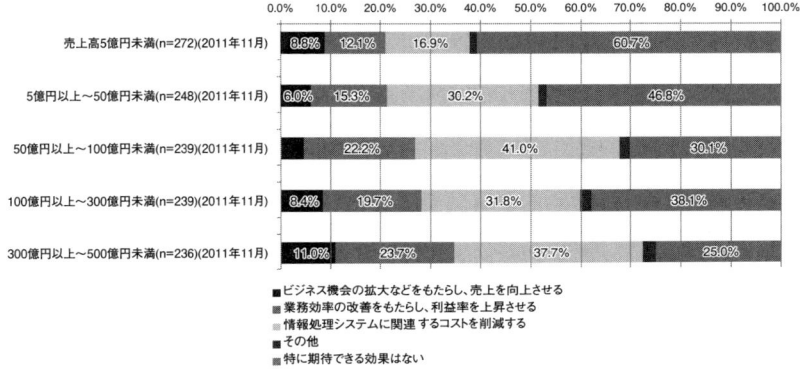

出所：株式会社ノークリサーチ『2012年以降に向けた国内クラウド市場規模調査報告』2012年より加工。

進んできているということは、企業をめぐる環境の変化なのです。

この変化についての企業経営者の意識も大変興味深いものです。図1-6は、「クラウドがもたらすと考えられる効果」について経営者にアンケートした結果です。

注目してほしいのは、「特に期待できる効果はない」という回答が、企業規模が小さくなるほど多いということです。前にも書きましたが、企業をめぐる環境が変化していることへの対応の重要性を考えれば、クラウドがもたらす社会の変化を先読みしてでも、何らかの効果を創りだしていくことも必要なことではないのでしょうか。その意識が中小企業ほど希薄なのではないかと思われる調査結果です。

今が厳しいと感じる中小企業ほど、ITのサービス提供や利用の仕組みを変えようとしているクラウド化の進展を大きな変化としてとらえ、対応していこうとする意識が求められるのです。

「IT経営」というと、新しい領域で、なにか専門的で技術的な取組みをしなければならないのではないかとイメージして、敬遠する経営者の方も多いようです。しかし、今日、経営者が企業家的行動をとろうとするときに、そこにはITが当たり前のように存在し、その存在のあり方を大きく変えようとしているクラウド化の進展という動きを経営に結びつけて考えてみることも不可避だと思われます。また、そのことが、上述した３つの"I"の性格をもった企業家として不可欠な対応だといえます。クラウド化にかぎらずIT化の進展によって、中小企業の経営者が、企業家としての力を発揮していかなければならない大きな変化がおこっているのです。

　最後に、「IT経営」を面倒で特殊な経営ととらえる必要はありませんが、注意しておいていただきたいことがあります。それは、パソコンなどITインフラを整備して、業務パッケージソフト、アプリケーション・ソフトなどをセットしたら「IT経営」だと思われることです。

　ITインフラやアプリケーション・ソフトを導入しただけで企業がうまくいったということがあれば、それはラッキー以外のなにものでもありません。

　先に述べたように、「IT経営」は、ヒトの知識と知恵を活用してITという技術領域と経営を融合させた領域であり、知識と知恵の活用なしには成り立たないものです。つまり、中小企業経営者が、企業家として、組織の基盤を整え、「経営力」を高めたうえで、ITインフラやソフトなどの利用によって生じるさまざまな効果や「余」を知識と知恵の結晶である経営戦略の遂行に融合させていく取組みなのです。

　そのためには、まず、ITを経営戦略遂行のためのツール（手段）ととらえ活用しようと考える意識改革が必要であり、この意識改革が、

「IT経営」のスタートなのです。

【注】
(1) こうした変化については、佐藤尚之『明日の広告』アスキー新書、2007年を参照。
(2) Barney. J. B.(1991). "Firm, Resources and Sustained Competitive Advantage" Journal of Management. pp.105-112.
　このなかでバーニーは、競争優位の形成と維持について、「経済価値」「希少性」「模倣困難性」「組織」というVRIOフレームワークを用いて、経営資源活用の重要性を説いています。

【参考文献】
Carr, N.G. "IT doesn't Matter" Harvard Business Review，May.2003.
I.M.カーズナー著　西岡幹雄・谷村智輝訳『企業家と市場とはなにか』日本経済評論社、2001年。
経済産業省『IT経営ロードマップ』改訂版、2010年。
D.J.コリス& C.A.モンゴメリー著、根来龍之・蛭田啓・久保亮一訳『資源ベースの経営戦略論』東洋経済新報社、2004年。
佐藤尚之『明日の広告』アスキー新書、2007年。
シャーリーン・リー&ジョシュ・バーノフ著　伊東奈美子訳『グランズウェル』翔泳社、2008年。
総務省情報通信政策研究所『我が国の情報流通量の指標体系と計量手法に関する報告書』2009年。
Barney, J.B. "Firm, Resources and Sustained Competitive Advantage" Journal of Management, 1991.
平野雅章『IT投資で伸びる会社、沈む会社』日本経済新聞社、2007年。
E.ブリニョルフソン著　CSK訳『インタンジブル・アセット』ダイヤモンド社、2004年。
Mendelson, H. & Zieglaer, J. "Survival of the smartest", John Wile & Sons,1998（校條浩訳『スマート・カンパニー』ダイヤモンド社、2000年）。

『中小企業 IT 経営力大賞』について

　『中小企業 IT 経営力大賞』は、経済産業省が主催、独立行政法人情報処理推進機構、日本商工会議所、全国商工会連合会、全国中小企業団体中央会、特定非営利法人 IT コーディネータ協会が共催して 2007 年から始まった表彰制度です。優れた IT 経営を実現し、かつ他の中小企業が IT 経営に取組む際の参考となるような中小企業や組織に贈られます。受賞企業および IT 経営実践認定企業・組織にはロゴマークの使用が認められます（経済産業省「IT 経営ポータル」より）。

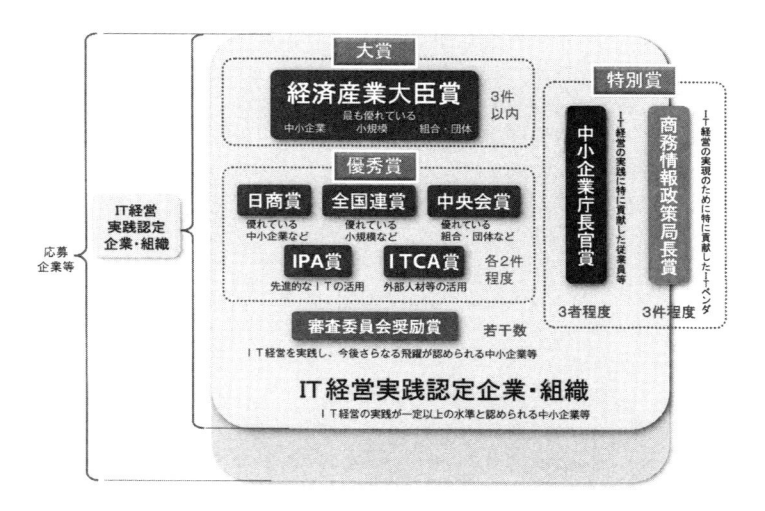

　応募書類の作成によって、SWOT 分析などによる問題把握ができ、課題解決のための方策を客観的に見直す機会にもつながる仕組みになっています。企業をめぐる環境が変化し続けているなかで、自社の状況を見直す、課題解決の方策を見いだす、成長・発展のチャンスをつかむという観点からも多くの中小企業に取組んでいただきたい施策です。

Ⅱ 『中小企業IT経営力大賞』経済産業大臣賞受賞企業 事例紹介

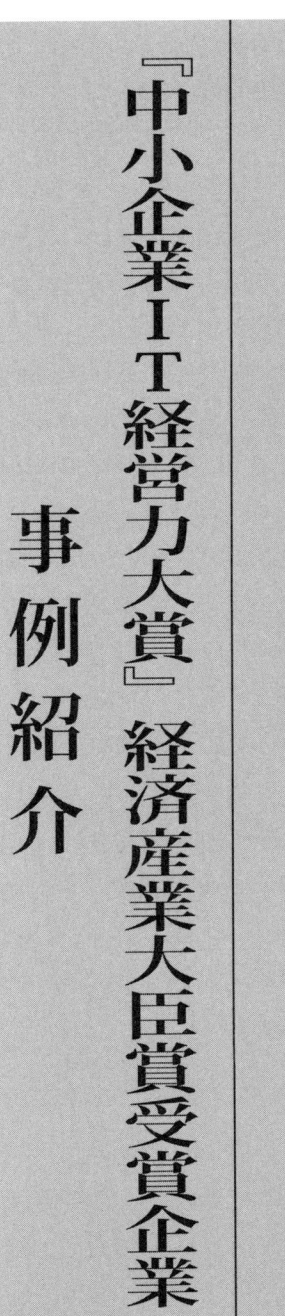

▶▶▶ **事例の見方**

1. 企業概要と経済産業大臣賞受賞時の評価ポイントの要約を記載しています。
2. IT経営に取組んだことで、どのような成果があらわれたのか、定量的成果と定性的成果それぞれを記載しています。ここでは、原則、各企業が経済産業大臣賞を受賞した時点での公表値を記載していますので、ホームページなどでみられる現時点での数値とは違いがある場合があります。
3. 成果を生み出したIT経営取組みにあたって、各社がおこなってきた企業をめぐる環境分析と問題抽出、そこから模索した課題解決の方策と、具体的実施内容を記載しています。

   また「経営課題」は、経営上の問題ということではなく、内外環境を考慮して問題把握をもち、その克服に向けた方策を実現するための具体的方向性をまとめたものを指しています。
4. 受賞後の推移について紹介しています（2013受賞企業は別）。
5. 各企業の成功要因をシンプルにわかるように箇条書きで記載しました。
6. 事例掲載は、受賞年次順に、各年の経済産業省による結果発表順となっています。

株式会社 東洋ボデー

「中小企業IT経営力大賞2008」経済産業大臣賞受賞

代表取締役社長
中條　守康

本社所在地	：東京都武蔵村山市
資本金	：4,800万円
従業員	：100人（パート・アルバイトを含む）
設立	：昭和31年
業種・業務内容	：輸送用機械器具製造業（自動車・同附属品製造業）
URL	：http://www.toyobody.co.jp

受賞対象のIT化の時期：平成15年

【受賞の評価ポイント】

　全社業務が生産計画に基づいて効率的に進捗するシステム（座席予約システム）を自社開発し、営業、受注から生産、納品までの各業務を一元管理しての全体最適がはかられています。これにより、短納期、高品質、低コストを実現し、顧客満足度を高めることとなり、一社専属型下請から6社の自動車メーカーからの受注を受ける自立化が進展しています。平準化されたIT利用により、従業員負担の軽減が進むとともに、営業員の営業効率を高める成果にもつながっています。さらに、1個流しで工場の負荷分散がしっかりとコントロールされている生産管理システムは、特筆できるものであり、「受注生産対応」レベルは高い。下請企業の自立化プロセスでのIT活用事例として、あるいは業界模範の事例として高く評価されました。

Summary

1 IT経営取組みによる成果

『中小企業IT経営力大賞』において経済産業大臣賞を受賞した際の応募内容にて、応募時点の成果を本格的なIT経営取組み時点との比較で示します。

（1）定量的成果の内容
①売上の増大
　　売上の成長　　　：H19年の売上は、対H15年比で、104.7％増
　　自己資本利益率：対H15年比で、170.6％増
　　得意先数　　　　：対H15年比で、145.6％増
②業務の効率化
　　工場一人あたりの生産性：対H15年比で、115.8％増
　　業務効率化による残業代：46.7％減

（2）定性的成果の内容
- 顧客の評価、信用の獲得：「量産化」技術の向上もあり、「短納期」「低コスト」「高品質」生産が実現でき、顧客の信用と満足度の向上がはかられ、当初の大手トラックメーカー1社であった顧客は、全トラックメーカー（6社）の顧客化を平成17年7月に実現することができました。
- 会議の効率化：重要会議の一つである「生産会議」を突発的な災害等がない限り、開催する必要がなくなりました。経営管理に関する情報を必要とする管理者は、いつでも見れるようになりました。

- 社員の積極性、活力の増加：当たり前といわれた異常（深夜）残業が皆無となり、定時間内に最大限の能力を発揮するなかで全体最適を心がけるなど、社員の士気高揚がはかられました。と同時に、社員の一体感も高まりました。

2 成果をもたらした経営環境の把握と経営課題の認識

（1）当社の特徴

　トラック用ボデー（荷台）の設計・開発から製造・販売まで一貫しておこなっています。主要顧客は、トラック関係大手6社と自販機で販売する飲料水メーカーです。

　総製品の75％は、個別仕様となる「自立型製品」であり、この「自立型製品」の生産比率は拡大傾向にあります。

　短納期生産（3～7日：業界平均約1ヶ月）と高品質（カチオン電着に代表される）により差別化をはかっています。また、ベンディングカー用では、「4ナンバーでも可」「普通免許対応可（総重量5T未満）」の軽量化、容易な操作性などを提案し、成熟している市場において着実なシェアー確保を実現しています。

（2）経営環境
①外部環境

　平成13年頃より事業環境は大きく変化しはじめ、都条例をはじめとした法的な排ガス規制などから、平成15年度では首都圏需要の追い風によるトラック需要が前年度比145％まで上昇しました。しかし、これは一過性で、中長期的には市場環境が厳しくなることが予想され

ました（平成16年度では首都圏条例の影響の弱まりなど、前年比80％減少し、平成17年度以降は順次微減でした）。また、平成14年から日産の「ゴーン改革」に代表される自動車業界のグローバリズムという名の改革は、大手トラックメーカーによる本社集中購買（トラック販社での横断的な購買コスト集中化）がおこなわれ、購入価格の8％ダウン要請の環境下での事業が余儀なくされていました。同時に取引業者の選別も始まりました。

②内部の状況

平成14年当時まで当社の体制は、量産対応型（下請け依存型）で、基幹情報システムは平成9年に導入したままでした。激変しつつある環境に適応するための個別対応の小回りが利きませんでした。

また、排ガス規制による需要の波行により、生産体制は乱れ、残業も増加傾向にありました。大手トラックメーカーのコストダウン要請は、一層厳しくなる一方で、収益も悪化しつつありました。

このような状況で、社内のムードも悪くなり、イマイチ活力も失いかけていました。

(3) 経営課題

上記のような経営環境下において、次のような事項が主要経営課題となりました。

①個別受注（自立型製品）の拡大（下請依存型脱皮）

個々の顧客要請に的確に対応していける「個別受注自立型生産」を可能とすると同時に、顧客要請に応えられる納期、コスト、品質を維持できる体質への変換。

個別受注に対応できる柔軟な生産体制の確立。

②業務の効率化

　営業から工場の生産体制に至る一連の体制を抜本的に見直し、全体最適をはかれるようにする。具体的には、受注、開発・設計から製造、納品に至るプロセスの効率化を図り、ものづくりの直接人員はもとより、営業・事務等の間接人員の一人あたりの生産性を高める。

　結果として、他社との絶対的な優位性を確保できる短納期、高品質を実現する。

③組織の活性化

　オープンに対話できる組織風土を醸成する。

3 IT経営の概要

(1) 経営課題解決のためにとった具体的方策

　経営課題解決に向けて取組んだIT経営の内容は、次の通りです。

①基幹系システムの再構築

　個々の受注登録を生産可能な計画に都度変更しながらも、平準化生産を可能とする「座席予約型」を採用し、時々刻々と変化する受注情報、生産関連情報を一元化させ、「多品種変量生産」に適応できる基幹系システムを構築しました（N-ATMS：New-all toyo management system）。

　このようなシステムが可能とするために、業務プロセスは抜本的に見直し、全体最適を踏まえて整備しました。

②経営管理情報の一元化

　基幹系システムと経理システムのデータ連携をはかり、基幹系情報を正確かつ迅速に関係者が把握できるようにしました。

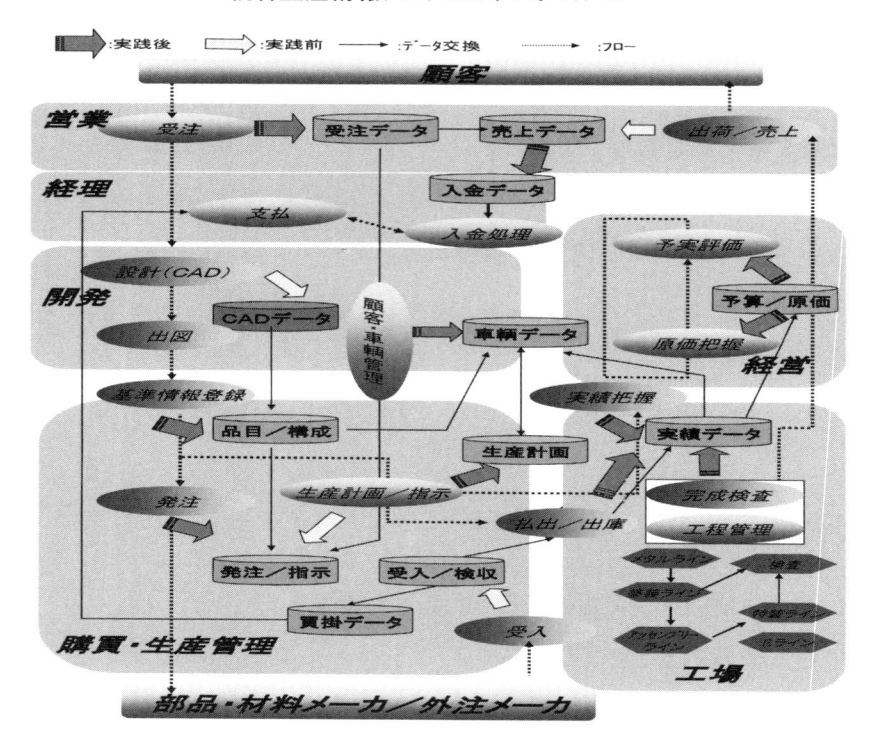

統合生産情報システムのシステムフロー

 従来の人手（種々の管理資料からデータをExcel入力）により作成していた営業用、生産用報告書のデータ処理ノウハウを、基幹系システムへ組み込むことにより、経営会議、営業会議等で使用する管理情報をSBU毎・要素（費用等）毎に分類・集計し、タイムリーな経営状況の把握をリアルタイムで正確な実績情報の把握を可能とし、予算実績（売掛、買掛等）管理精度等を向上させました。つまり、経営マネジメントレベルの高度化をはかりました（受注から開発・設計、購買、生産、納品・回収に至る一連の業務の一貫した流れについては、統合生産情報システムのシステムフローの図参照）。

（2）IT経営取組みの経緯

　経営課題の解決にまず配慮・重視したことは、従業員の意識の改革で業務のルール化や標準化とその遵守でした。担当業務の前工程／後工程を意識し全体としての業務遂行の円滑化には情報共有が重要であり、営業・管理・製造の各部門が連携する総合力の発揮が、課題解決に必須との認識をもっていたからです。また、即効性を重視して、目に見える形で成果が実感できる課題から取組みを開始（スタート）することとし、情報の一元化を前提としながら、各部門の担当者を交えた議論を通して優先度の設定をおこないました。

　推進にあたっては、経営トップが、「全社対象に経営ツールとしてITを位置づけ、お客様に貢献する」という方針を打ち出しました。そして、実質的な推進責任者（CIO）に後継者を当て、CIOの補佐機関として「最適環境委員会」を職場単位の一般職で立ち上げ、運用面でのルールづくりなど円滑な運用をはかれるようにしました。このように、全社員を巻き込んでの推進をはかりました。

　このような全社的な取組みが各業務の担当者の意識に浸透し、個々人がITリテラシ向上にもつながり、円滑な運用につながりました。

　また、外部支援者として、（一社）首都圏産業活性化協会（以下TAMA協会と略す）からの専門家：TAMAコーディネータの派遣を受け、一体となってプロジェクト推進をはかりました。

　なお、平成16年度に経済産業省の支援施策である「IT活用型経営革新モデル事業」の採択を受けています。

4 受賞後から現在に至る推移

　CO_2削減に代表される環境問題、まったく想定できなかった平成20年に発生したリーマンショックや平成23年の東日本大震災などにも的確に対応しながら今日も順調な経営を続けています。

　リーマンショック、東日本大震災への対応には、正直大変苦慮しましたが、本IT経営が実践できていたからこそ変化にも適応しながら乗り切れたものと考えます。

　受賞する前年（平成19年）からの取組みで、当業界にとって最重要となった「環境問題」への取組み概要は、次の通りです。

　平成27年を達成年度とする「CO_2排出25%削減活動」は、製品重量を削減（軽量化）することや、製品製造工程において①電気使用量削減、②重油使用量削減、③木材の使用量削減、④LPG使用量削減、⑤上水使用量削減、⑥紙使用量削減等の目標を定めた活動を推進中です。

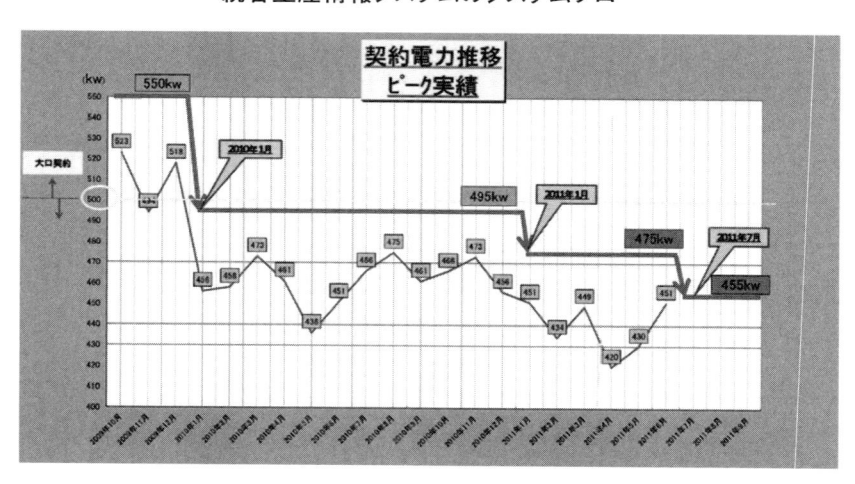

統合生産情報システムのシステムフロー

この活動の成果により、東日本大震災時の電力不足に伴うピークカット対応や計画停電にも速やかに適応できました。

　もちろん、このような取組みの背景には、IT経営による関係者のデータ活用、情報共有が円滑におこなえるようになっているからであることはいうまでもありません。

● 成 功 要 因 ●

① IT導入による変化に対する社員の恐怖感を消し、全社一丸となった一貫生産体制を確立したこと
② 外部の支援者（TAMA協から派遣のITコーディネータ）に恵まれた取組み
③ 現場一人ひとりの思いを尊重しながら、明確なビジョンに基づく強力なトップのリーダーシップで全社一丸となった活動しやすい場づくりを実現できたこと

『中小企業IT経営力大賞2008』結果

　全応募数429件のうち、審査委員会による厳正な審査により、経済産業大臣賞3件、日本商工会議所会頭賞3件、全国商工会連合会会長賞1件、全国中小企業団体中央会会長賞2件、独立行政法人情報処理推進機構理事長賞2件、特定非営利活動法人ITコーディネータ協会会長賞2件、中小企業庁長官賞3件、審査委員会奨励賞5件が選ばれました。

株式会社 八幡ねじ

「中小企業IT経営力大賞2008」経済産業大臣賞受賞

代表取締役社長
鈴木 健吾

本社所在地	：愛知県北名古屋市
資本金	：2,000万円
従業員	：226人（パート・アルバイトを含む）
設　立	：昭和28年（創業：昭和21年）
業種・業務内容	：卸売・小売業
ＵＲＬ	：http://www.yht.co.jp/
受賞対象のIT化の時期	：平成15年

【受賞の評価ポイント】

　卸売事業の流通の起点となる倉庫管理を、業界に先駆けてJANコード化に対応した自動倉庫システムとして、効率的な入庫・出荷・配送を実現できたことと、全社統合生産システムを構築したことにより、業務単位でのITシステムを統合して経営情報の可視化、品質向上、業務効率化がはかられるようになりました。たとえば、出荷業務でのIT活用では、バーコードとPDAを利用した独自開発システムの重量検査が実施されており、10万品種もあるネジの中から、一本のネジの出荷にも瞬時に対応できる多品種少量出荷や出荷品質向上の成果をあげています。これにより顧客満足度を高め、競争力強化につなげています。また、ホームセンター取引においては、EDI比率が98％と極めて高く、先駆的にIT利用を実践して成果に結びつけている模範的事例として高く評価されました。

Summary

1 IT経営取組みによる成果

『中小企業IT経営力大賞』において経済産業大臣賞を受賞した際の応募内容にて、応募時点の成果を本格的なIT経営取組み時点との比較で示します。

（1）定量的成果の内容
①売上・利益の増大

　売上の成長：H18年の売上高は対H16年で13％増

②業務プロセス関係

　生産性向上：生産性指標（人時生産性＝売上÷労働時間）

　　　　　　　生産性は、対H16年で1.57倍

　経費削減　：経費削減指標（売上対経費比率）

　　　　　　　対H16年での経費削減率は、5.2％向上

　品質向上　：バラ（本単位）出荷・払出品質

　　　　　　　H18年度には、H15年度より3倍向上

（2）定性的成果の内容
①お客様評価

- 当社の品質（製品と出荷品質）が認められ、DIY業界シェアは70％を超えて続伸しています。
- DIY店より当社の出荷品質が認められ、検品なしで店舗へ直接納品の認可を取得しました。

②仕入先評価

- 仕入先企業から当社の物流IT化システムと仕入先企業のITシス

テムの直接連携の依頼があるなど、仕入先からの信頼が高まりました。

2 成果をもたらした経営環境の把握と経営課題の認識

(1) 当社の特徴

　60年の社歴をもつ八幡ねじは、締結部品（ボルト、ナットなどやお客様仕様の図面品）の製造・販売を主業とし、全国600社の産業機械向け注文販売のほか、全国数千店舗のホームセンターに卸売販売をおこなうメーカーベンダーです。10万種を超える締結部品がある中で、ねじ1本の注文から即納できる販売を実践しており、市場関係者から高い注目を集めています。また、70%のシェアをもつDIY店舗からは、検品なしで直接納品できる企業として認定されており、磐石な顧客基盤を築いています。製造・出荷における品質確保、および迅速な供給体制は、同社の差別化要因となっており、堅調な売上高の拡大を導いています。

(2) 経営環境

①外部環境

　ねじ業界は不良品を無くすことが難しいとされてきた中で、品質管理は常に市場からの重要な要求事項となっていました。また、海外からの廉価製品が競合品として市場に参入し、さらに、短納期要求や多品種少量出荷など多様化するさまざまな顧客ニーズへの対応が求められるようになり、重点となる品質管理に加えてローコスト経営の重要性が増してきつつありました。

②内部の状況

　一方で当社では、受発注、生産、在庫、出荷などの業務プロセスにおいて情報精度が低く、納期遅延、生産量予測精度の低さ、不透明な有効在庫、発注の属人化などの問題が生じていました。また、職場単位で合理化を推進した結果、部分最適に偏重する傾向が見られ、業務の間に多くの無駄や損失を招いていました。こうした内部の状況の中で、迅速な経営判断が求められていました。

（3）経営課題

　経営環境が厳しさを増す中、八幡ねじでは「完璧な品質管理」を差別化戦略として打ち出しました。他社の追従を許さない優位性を獲得するには、製品品質はもとより出荷品質の向上による納品精度を追及する必要がありました。また、海外からの廉価製品に対応する上でも、内部的な問題への対応による収益構造の改善が急務でした。

　これらに対応するため、社長主導の下、IT化指針を打ち出し、物流・生産・品質管理におけるIT活用、EDIによる受注・仕入業務の効率化などのIT経営の実践を目指しました。

3 IT経営の概要

（1）経営課題解決のためにとった具体的方策

　経営課題実現の方策として、全面的なIT活用が必須と判断し、業務プロセス間の連携を見据えた全社統合生産システムを構築しました。また、品質管理におけるIT活用やEDI導入をおこない、業務の全体最適化を強化しました。

①全社統合生産システムの構築

　職場単位、事業部単位でIT化を推進していた形態を、7年間かけて統合しました。必要とする情報が必要とする所に供給されるように、全社統合システム（YaCS:Yahata Conclusion System）を構築し、同時に全社情報の可視化を推進しました。可視化により、商品が多種多様にわたり、単価が安く返品も多いという状況に対して、必要とする情報が必要とするところにスムースに流れるという全社情報の可視化が可能となり、IT経営を実践するためのベースを確立することができました。

②品質管理におけるIT活用

　ITによる指示、記録をおこなうことで検査工程を省力化し、出荷を人手によるチェックからJANコード（バーコード）でのシステム入力方式に変更しました。商品数量検査においてもPDAを活用し、ミスの撲滅をはかりました。また、業界に先駆けてJANコードと自動倉庫を統合し、製品のバーコード化を実現しました。これらにより、効率的な入庫・出荷・配送を実現したことに加え、競争優位を実現するための品質水準を確実なものとしています。

③受注・仕入業務のEDI化

　DIY店からの受注業務の98％をEDI導入で対応し、加えて仕入先への発注業務についてもEDIを導入しました。これにより、高い納品精度と短期化、さらには原価低減を実現しました。

（2）IT経営取組みの経緯

　当社は、社長がIT技術者出身であり、その強みを生かして、人とITとメカトロニクスによる三位一体の改善を全社的に推進してきました。

「ITシステムは内製化が基本」、「部分最適から全体最適の実現」の方針のもと、システム会社（システムワイズ）を1998年に設置し、経営と現場の双方に有益なITシステム開発を実践してきました。トヨタ生産方式（TPS）に準拠した自社生産性向上運動（YPS）を全社活動として展開し、社長とシステム部門が連携して現場レベルの改善を進め、仕入先へのJANコードの展開、仕入先から顧客納品先（店舗）までを一気通貫で管理できるITシステムの開発などを手掛けてきました。

　結果として、部門ごとに稼働していたITシステムは、全社統合システムに再構築し、2007年より運用開始しました。

　取組みの背景には、企業理念としての、「三方善の精神で新技術・新分野を拓く」があります。「お客様善し、社会善し、八幡ねじ善し」の判断基準をもって新技術・新分野を拓くために、現場密着型IT人材育成に向けて座学やOJTなどの活動も積極的におこない、全社にて企業理念を共有して事業を展開する社風を築いてきました。

　そうした成果は、10万種類以上もあるねじのなかから、たった1本の注文であっても、デジタルピッキングして即時出荷できることや、月間で180万ロットの出荷処理において、納品率99.96％という多品種少量出荷を可能とする企業体制をつくることにつながりました。

　取引先のDIY店にとっては、入荷したネジの検品作業や袋詰め作業などでの作業負担を軽減できるメリットを得ることになります。サプライチェーンにおける垂直的な業務関係のなかに、ITを活用したサービス提供をできるようにしてきたことが、DIY店をはじめ、あらゆる取引先の顧客満足度と顧客信頼度を高めることになっていきました。

フロー概念図

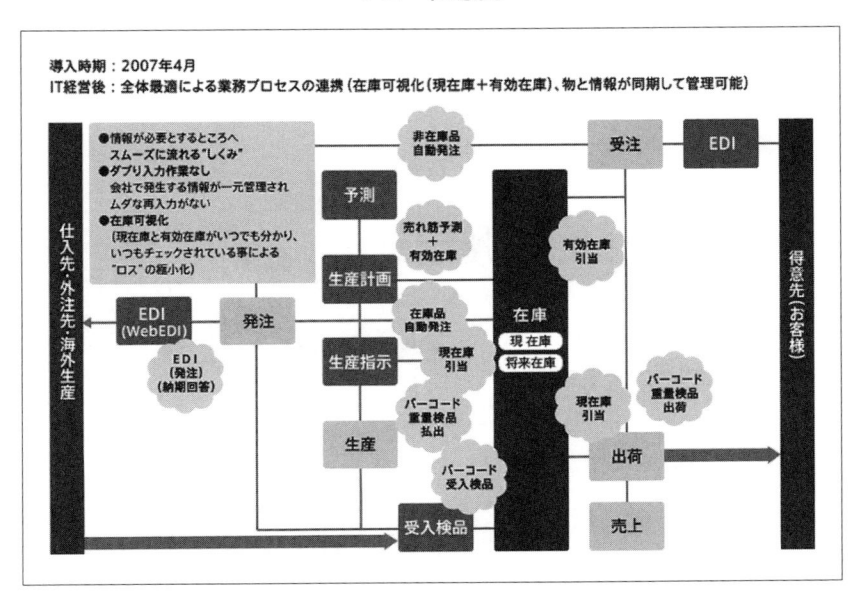

導入時期：2007年4月
IT経営後： 全体最適による業務プロセスの連携（在庫可視化（現在庫＋有効在庫）、物と情報が同期して管理可能）

● 情報が必要とするところへ
スムーズに流れる"しくみ"
● ダブリ入力作業なし
会社で発生する情報が一元管理され
ムダな再入力がない
● 在庫可視化
（現在庫と有効在庫がいつでも分かり、
いつもチェックされている事による
"ロス"の極小化）

4 受賞後から現状に至る推移

　当社では、IT経営の充実に向けて更なるステップアップを目指しています。全社統合生産システムが完成し、経営の可視化を実現してきましたが、さらに海外工場やグループ企業への展開に取組んでいます。また、同社の経営方針のひとつであるアメーバ経営を具現化するためにも、海外の3工場を含めたグループ間連携の強化をはかるとともに、世界的なSCM（サプライチェーン・マネジメント）の実現による顧客ニーズの先取りと品質向上を推進しています。

　時代の要請から、クリーン調達やCSR調達という潮流にも目を向け、調達改革を引き続き積極的に進める方針です。IT経営実践の成果が

見えるようになったことで、取引先から技術供与の依頼も多くなり、基本理念である「三方善の精神で、新技術・新分野を切り拓く」をITの活用をもって実現を続けています。

ねじ1本から当日発送！
100,000点以上の充実の品揃え！
ねじ、ボルトを探すなら
YAHATA 株式会社 八幡ねじ

● 成 功 要 因 ●

① 全社統合システムによる「経営の可視化」を実現して、全体最適に結びつけたこと
② IT化（バーコード化、PDA活用）による品質管理で可能となった「検品なし直接納品」での顧客満足度の向上
③ 受発注EDI（オンライン化98％）による業務効率の向上
④ 企業理念実現に向けたIT活用意識の高さ

株式会社 ヤマサキ

「中小企業IT経営力大賞2008」経済産業大臣賞受賞

代表取締役社長
山崎　宏忠

本社所在地	：広島県広島市
資本金	：8,000万円（受賞時6,000万円）
従業員	：245人（パート・アルバイトを含む。）
設立	：化粧品・入浴剤の製造販売
業種・業務内容	：昭和45年
URL	：http://www.corporate.lasana.co.jp/
受賞対象のIT化の時期	：平成18年

【受賞の評価ポイント】

　受注－製造－販売の業務フローにおいて各業務のIT活用がそれぞれに高い成果をあげ、全体最適につながっています。たとえば、通販部門においてはCTIシステム導入によりオペレータ対応能力が1日600件から1,500件へと向上し、配送業者とのシステム連携やDPSの導入により1,000件当たりの出荷時間が、15時間から3時間に削減できました。さらにVPNによるITコミュニケーション利用で営業員の店舗訪問率が75％から85％に向上、製造部門はCIM導入によってロット管理の実施とトレーサビリティ実現など各業務とも大きな成果が得られました。それらの一元的「見える化」管理によって全社的効率も高まりました。さらに全社的なIT利用の成果を高めるために社員教育として"e-learning"を実施しています。現時点でのITを最大限に利用し、効果を発揮していることが総合的に高く評価されました。

Summary

1 IT経営取組みによる成果

『中小企業IT経営力大賞』において経済産業大臣賞を受賞した際の応募内容にて、応募時点の成果を本格的なIT経営取組み時点との比較で示します。

(1) 定量的成果の内容

①売上・利益の増大

　売上の成長　　　：H18年の売上は、対H16年比で、50％増
　利益率の成長　　：同時期で3.8倍
　在庫金額の圧縮　：対H16年でH18年の在庫額は、17％減

②業務スピードのアップ

　通販部門でのオペレータの対応能力　　　：1日600件 → 1,500件
　受注ミスの軽減（2万件当たり）　　　　　：15件 → 1件（目標0件）
　出荷梱包ミスの軽減（2万件当たり）　　　：20件 → 0件
　出荷のための作業時間（1,000件当たり）：15時間 → 3時間
　1時間当たりピッキング件数　　　　　　　：50件 → 350件
　営業員の店舗訪問率　　　　　　　　　　　：75％ → 85％

(2) 定性的成果の内容

- 出荷帳票の改善と、ピッキング工程をデジタル化したことで、1日あたり2,000枚近いペーパーレス化を実現。経費削減とともに、地球環境に優しい出荷体制が構築できました。
- 生産管理システム導入によって、製造部門の業務プロセスの再構築が促進され、事前の生産計画と生産指示という生産ルールが定

着しました。

- 検査記録、生産実績記録などを各工程で記録し、蓄積する仕組みが出来上がり、結果として記録漏れが無くなりました。
- IT化によって原料、資材、製品の完全なロット管理が実施できるようになり、製品のトレーサビリティを実現。化粧品の品質管理は最重要課題であり、顧客からの信用・信頼の獲得に大きく貢献することになりました。
- 会議開催については、テレビ会議を通して、必要があればいつでも多拠点（本社、工場、東京支店）での多人数 対 多人数の会議が可能となり、意思決定のスピードが向上。くわえて共通認識の形成に役立っています。
- 業務知識習得のための"e-learning"システムの利用で、社員の短期間での育成とモチベーションの向上をはかっています。

2 成果をもたらした経営環境の把握と経営課題の認識

(1) 当社の特徴

　ヤマサキは、「使って感動する製品づくり」をコンセプトに、創業以来、海藻をテーマとしたヘアケア、スキンケア、入浴剤の製造販売をおこなってきました。国内随一の試供品生産能力に支えられたマーケティングにより、同社のブランド「ラサーナ」は広く認知されています。40万人超の顧客を有する通信販売、全国数千ヵ所のドラッグストア・バラエティショップでの店舗販売のほか、ネット販売を手掛け、高い比率での新規顧客獲得とリピート受注を実現しています。

（2）経営環境
①外部環境

　化粧品の全国的市場規模は、平成10年代半ばには頭打ちとなっていましたが、一方でドラッグストアの台頭など商流の変化もありました。同社では市場環境の変化に追随すると同時に、自社ブランドである「ラサーナ」の浸透に伴う需要増大を好機と捉えて、経営戦略を打ち立てる必要に迫られていました。

②内部の状況

　大規模な人材採用と同時に、IT化による情報共有、業務効率の向上が主要課題として浮上したことから、社内の情報共有インフラの整備、販売、生産管理、倉庫・物流に至るチャネルごとの業務プロセスの見直しが求められていました。なかでも通信販売部門における売上拡大と顧客満足度の向上へ向けた専用システムによるオペレーション、配送業務の効率化、問い合わせ情報の共有による課題解決が期待されていました。

（3）経営課題

　上記のような経営環境下において、次のような事項が主要経営課題となりました。

①売上拡大と体制整備

　通信販売における会員数の増大や店頭販売における取扱店舗数の増加、ネット販売による新規顧客開拓を実現するため、それぞれのチャネルに対応した社内体制の整備に取組む。

②業務のスピードアップ、効率化

　通信販売部門でのコールセンター人材の確保と教育体制を確立し、

顧客応対レベルの向上と受注段階で関係部門への指示を完了させるワンストップサービスの実現に取組む。

生産部門では、生産プロセスや生産ルールを確立し、生産性向上をはかる。

③IT化戦略の実現

ITインフラの構築により、業務体制の整備、業務効率化、情報共有の実現を支援する。

3 IT経営の概要

（1）経営課題解決のためにとった具体的方策

通信販売部門を中心に、新規顧客とリピートオーダーの獲得に向けて、顧客情報分析、媒体分析といった高度な管理システムを構築しました。また、配送の品質向上と効率化、クレーム・返品の的確な処理による顧客満足度の向上が課題となっていたため、これらの課題解決をはかるために各種システムの導入をおこないました。

①通信販売専用システムの導入

IT経営開始前に利用していた卸販売向けのシステムは、各種の制約があったため、新たに通信販売専用の顧客管理システムを構築しました。

取引情報管理や顧客情報分析の内容を強化することで、顧客の誕生日や紙媒体やWEBなどの特性に合わせた新しい顧客サービスを企画できるようになりました。媒体別の分析機能やプレゼント付与機能、自社ポイント制サービスの開始などが、このシステム導入によって可能となりました。

②配送会社とのシステム連携・DPSの導入

　個別配送による通信販売は、売上規模が拡大すると受注から出荷に至る業務量が飛躍的に増加する傾向があります。このため、出荷効率の向上に向けてDPS（デジタル・ピッキング・システム）を導入し、配送会社とのシステム連携を確保しました。人為ミスを防ぐとともに、受注情報の入力で集荷・配送が連携して動作するようにしました。

　これによって、出荷準備作業も大幅に軽減され、コールセンターは受注業務に専念でき、出荷担当は、ピッキング・梱包に専念できるようになり、各部門の社員モチベーションの向上にもつながりました。

③問い合わせ／クレーム情報共有システムの開発

　コールセンターで担当者間の伝達漏れや業務負担のばらつきなどが問題となっていたため、クレームや返品履歴を担当者間や部門間で共有していくこと、業務負担を公平にしていくソリューションを導入したこと、CTI（Computer Telephony Integration）を利用した電話機とシステムの自動連動など、高度なコールセンターマネジメントを確立しました。

④生産管理システムCIMの導入

　CIM（Computer Integrated Manufacturing）の導入によって、製造部門の業務プロセスを再構築し、「足りなさそうなものをその日につくる」という従来の生産スタイルから、四半期単位での生産計画を立て、月割,日割で詳細な生産指示を出していけるようになりました。

　そして、検査記録、生産実績記録などがきちんとつながらないと次の生産工程に進まないという仕組みになったことで、各作業工程間での連携が促進され、記録漏れなどのミスがなくなるとともに、製品のトレーサビリティを実現することにつながりました。

(2) IT経営取組みの経緯

　経営トップは、自らの手によって最初のWebサイトを構築したほど、IT活用やネット販売についての理解と強い志を持っています。強いリーダーシップのもと業務のIT化を推進するなか、CIOはそのパイプ役となり、理想とするIT化を分かり易くシステム部門に伝達してきました。一方で、現場においても、経営トップやCIOが推進するIT経営の重要性は周知徹底され、社員自らがIT化による業務効率の向上や情報共有を推進していこうとする姿勢で取組んできました。

　システム部門は「指示待ち」ではなく、コスト削減に向けたトップへの提案を随時おこなっています。また、営業、コールセンター、製造の各部門においてもSE・プログラマー経験を持つ社員が中心となりシステム勉強会を実施するなど、全社をあげてIT経営に取組んでいます。

　そして、IT経営に全社員が対応できる組織づくりのスタートとして、オリジナルの「e-learning」システムを開発し、「研究開発部門は商品知識に詳しいが、取引先のことは知らない、営業部門はその逆」といった部門間の知識差をなくして会社全体で一貫した業務知識の習得機会を広げるとともに、ITリテラシーの向上をはかることで、全社的に経営理念、経営目標、経営指針の共有ができる企業風土を形成してきました。

4 受賞後から現在に至る推移

　通信販売部門では、多角的な情報分析が、各担当者で出来るオリジナルな分析システムを実現しております。さらに、売上拡大とお客様

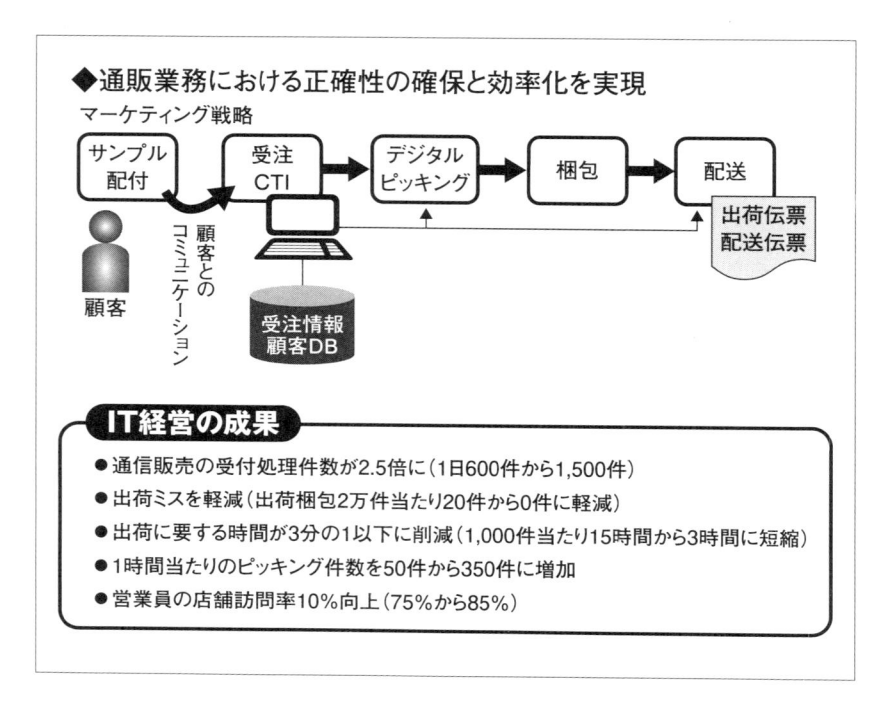

```
◆通販業務における正確性の確保と効率化を実現
   マーケティング戦略

   サンプル    →  受注     →  デジタル    →  梱包  →  配送
   配付         CTI         ピッキング                    ↓
                                                    出荷伝票
                                                    配送伝票
   顧客
           顧客とのコミュニケーション
                      ↓
                   受注情報
                   顧客DB
```

IT経営の成果
- 通信販売の受付処理件数が2.5倍に（1日600件から1,500件）
- 出荷ミスを軽減（出荷梱包2万件当たり20件から0件に軽減）
- 出荷に要する時間が3分の1以下に削減（1,000件当たり15時間から3時間に短縮）
- 1時間当たりのピッキング件数を50件から350件に増加
- 営業員の店舗訪問率10％向上（75％から85％）

満足度の向上をはかるために、通信販売管理システムを刷新する計画です。

　店頭販売部門においては、主要卸問屋からの受注をEDI化し、事務処理の効率化とヒューマンエラーの削減を実現しています。また、POSデータを活用し、全国10,000店舗の小売店に、直接メーカーとして営業社員が訪店しており、店長とのコミュケーションやお客様へ直接サンプリングをすることで、小売店の売上に貢献する独自の営業スタイルを確立しています。訪店した際の陳列状況の写真や数値、コミュニケーションの内容をデータ化（共有）するために、独自システムを構築しました。なお、独自システムについては、営業全員に持たせているスマートフォンにも対応しており、訪店先や移動中の入力を

はじめ、他の営業の実績を閲覧できます。

　ネット販売部門では、FacebookやTwitterを利用した「ファンサイト」を開設し、顧客の囲い込みを促進すると同時に、新商品や新サービスの市場調査に利用して、データマイニングを進めています。最近では、社員全員が交代でブログを更新しており、お客様に楽しんで頂くコンテンツを用意しています。

　工場部門においては、よりスピーディで正確な生産と物流管理が実現できるよう、バーコードなどを活用した仕組化を計画しています。

　どの部門も売上100億円を見据えたシステム改善に取組んでいます。全社的な試みとしては、情報共有基盤についても、社内ポータルシステム等による情報共有、プロジェクト管理システムによる進捗管理など、さらなるIT経営を推進しています。

● 成 功 要 因 ●

① 市場の動向変化を読んだ顧客獲得戦略の立案と実行
② 重点を明確にした具体的な課題設定と実践
③ 企業全体を統合的に捉えたIT活用、外部サービスの活用及び人財育成

『中小企業IT経営力大賞2008』記念式典・表彰式

　2008年2月21日『中小企業IT経営力大賞2008』記念式典・表彰式が虎ノ門パストラル（東京都港区）にておこなわれました。
　記念式典では、基調講演、経済産業大臣賞受賞3社の経営者によるパネルディスカッションがおこなわれ、表彰式では、甘利明経済産業大臣（当時）のご挨拶、共催機関を代表して岡村正日本商工会議所会頭のご挨拶、伊丹敬之審査委員長（一橋大学大学院教授）の講評があり、盛大に記念式典・表彰式が開催されました。

『中小企業IT経営力大賞2009』結果と記念式典

　全応募数276件のうち、審査委員会による厳正な審査により、経済産業大臣賞3件、日本商工会議所会頭賞2件、全国商工会連合会会長賞2件、全国中小企業団体中央会会長賞2件、独立行政法人情報処理推進機構理事長賞2件、特定非営利活動法人ITコーディネータ協会会長賞2件、中小企業庁長官賞4件、審査委員会奨励賞5件が選ばれました。2009年2月25日『中小企業IT経営力大賞2009』記念式典・表彰式がグランドプリンスホテル赤坂（東京都千代田区）にておこなわれました。記念式典では、基調講演、経済産業大臣賞受賞3社の事例紹介などがおこなわれ、表彰式では、松村祥史経済産業大臣政務官（当時）のご挨拶、共催機関を代表して岡村正日本商工会議所会頭のご挨拶、伊丹敬之審査委員長（東京理科大学専門職大学院教授）の講評があり、盛大に記念式典・表彰式が開催されました。

株式会社 タガミ・イーエクス

「中小企業IT経営力大賞2009」経済産業大臣賞受賞

本社所在地　：石川県能美市
資本金　　　：6,200万円
従業員　　　：230人（パート・アルバイトを含む）
設　立　　　昭和44年（創業：昭和40年）
業種・業務内容：機械製造業
ＵＲＬ　　　：http://www.tagamiex.co.jp/
受賞対象のIT化の時期：平成17年頃

代表取締役社長
田上　好裕

【受賞の評価ポイント】

　主力事業である産業機械事業にセル生産方式を導入し、それに伴う生産リードタイムの短縮やパートナー企業との同期化等を着実に実践するため、生産管理システムやWeb-EDI等を効果的に活用しています。これにより、徹底した現場の見える化や改善活動がはかられるとともに、パートナー企業（外注先）との情報共有や納期管理の強化がはかられるなど、総合的な生産性の向上を実現しています。このように、企業の枠を超えた「セル方式による生産革新とITとの統合化」の実践事例として、また、大手企業を主要取引先とするものの、依存体質に陥っていない独立企業としての模範事例として高く評価されました。このほか、支援ITベンダと役割を分担し、IT要員の一人体制による効果的なIT経営を推進している点も高く評価されました。

Summary

1 IT経営取組みによる成果

『中小企業IT経営力大賞』において経済産業大臣賞を受賞した際の応募内容にて、応募時点の成果を本格的なIT経営取組み時点との比較で示します。

(1) 定量的成果の内容

　売上の増大　　：H19年の売上は、対H15年比で200％増
　利益率の向上：経常利益率はH15年の2.7％から
　　　　　　　　H19年は8.5％へ向上

- 工程改善によりプレスブレーキ、シャーの組立て占有面積が半減
- 仕掛かり金額が2/3に低減
- 組立て着手から完了までのリードタイムが平均60％短縮
- 総合生産性が31％改善
- 生産計画達成率100％実現

(2) 定性的成果の内容

　徹底した生産性指標情報の共有化を通じ問題点を顕在化して「見える化」することの重要性を認識することができたことで、課題解決能力が向上しました。

　また、他部門や協力企業との連携活動を通じて社員教育やサプライチェーン強化の面でも好影響をもたらしました。さらに納期・品質向上に伴い短納期案件対応が可能となり、取引先営業部門との信頼関係が深まり、受注台数増大につながりました。

❷ 成果をもたらした経営環境の把握と経営課題の認識

(1) 当社の特徴

　当社は産業機械、建設機械、環境機械及び周辺装置等の設計・製造・販売をおこなう機械製造会社であり、プレスブレーキ、シャー、プラズマ加工機、シートローダ、木材粉砕機、各種フィーダ装置、建設機械用ブーム・フレームなど幅広い製品の開発設計から溶接、機械加工、組立てに至る一貫生産をおこなっています。

　事業構成は産業機械（50％）・建設機械（30％）・環境機械（15％）及び周辺装置等（5％）となっています。変種変量の工作機械やプレス機械の完成品組み立てでは、セル生産により最小在庫でまわす仕組みを確立することによって、顧客カスタマイズ要望に基づく1台からの受注対応が可能となっています。また、大物板金部品や大物機械加工部品を需要家（大手メーカー）のライン計画に合わせ安定供給する仕組みを実現、これらの2つの仕組みを組み合わせることにより需要変動リスクをヘッジしています。

(2) 経営環境
①内部環境と外部環境

　当社の売上構成の中で最も大きなウェイトを占めている板金機械事業では、生産現場において、生産計画に関わる情報の共有がなされていないため、主要顧客企業の急激な増産や機種増加といった環境の変化に対応することができず、仕掛が増加して現場が混乱、納期遅れや欠品などの問題がおこっていました。また協力企業との間でも、生産情報を共有していなかったことで、進捗管理が適切になされないとい

う状況にありました。

　具体的には、開発・設計部門では、機種増加が発生すると、その都度、新しい図面や部品表を作成が必要となり、対応しなければなりませんでした。また、生産管理においては、月単位の生産計画が存在するのみであり、日々変化する生産情報をタイムリーに把握することができていませんでした。このため、顧客や協力企業からの要望に対する明確な納期回答が難しい状況が続いていました。

　さらに社外だけではなく社内においても進捗がわかりにくく、見えにくい生産のやり方といえ、生産管理担当者も営業部隊に対し的確な納期回答ができず、円滑な生産・販売の連携とはいえない状況にありました。

②経営課題

　こうした課題解決をはかり、かつ競合他社との差異化をおこなっていくために、抜本的な改革が必要と判断し、「生産リードタイム短縮」、「仕掛かり低減」、「生産性向上」を目標としたセル生産化およびIT活用による生産革新活動に取組むことになりました。

3 IT経営の概要

（1）経営課題解決のためにとった具体的方策

　生産革新活動を進めやすくするために以下の3つのわかりやすい大きな目標を設定しました。

　①　組立て占有面積を半減

　②　組立てリードタイムを半減

　③　総合生産性を30％改善

これらの目標を達成するために、セル生産を軸とした以下のような幅広い活動項目による、生産革新活動を推進しました。
① レイアウト変更（工程間の横持ちを排除し、手待ちをなくす）
② 5日先までの生産計画をフィックスし毎日更新・社内外に発信
③ 協力企業の納期管理強化
④ 長納期部品の手配方法見直し
⑤ セルストップ管理表による悪さ加減の見える化推進
⑥ 協力企業との品質連絡会を重ね部品品質の安定化を促進
⑦ 計画的な教育による技術の伝承と多能工化推進
⑧ タイムスタディによる工数分析
⑨ 設計部品表標準化推進による自動発注可能スペックの拡大

また、上記活動に加え以下の積極的なIT活用を推進しました。
① 生産計画の開示（毎日更新）
② 長納期部品の手配管理を人間系からシステム系へ
③ 間接部門のリードタイム短縮のための注文情報のデータ送信
④ 自動展開・自動発注システムの充実
⑤ 協力会社との情報連携「WEB-EDI」への移行

（2）IT経営への取組みの経緯

　生産改革についてはトップダウンで推進し、ITを使ったデータ整備と「見える化」を意識した活動を支援しました。この活動で培った仕掛り金額データや工数データの収集、活用ノウハウなどを、他の事業部門へ横展開をしていくことにより、全社的な「見える化」や効率アップ、リードタイム短縮を推進しました。

全体システム概念図

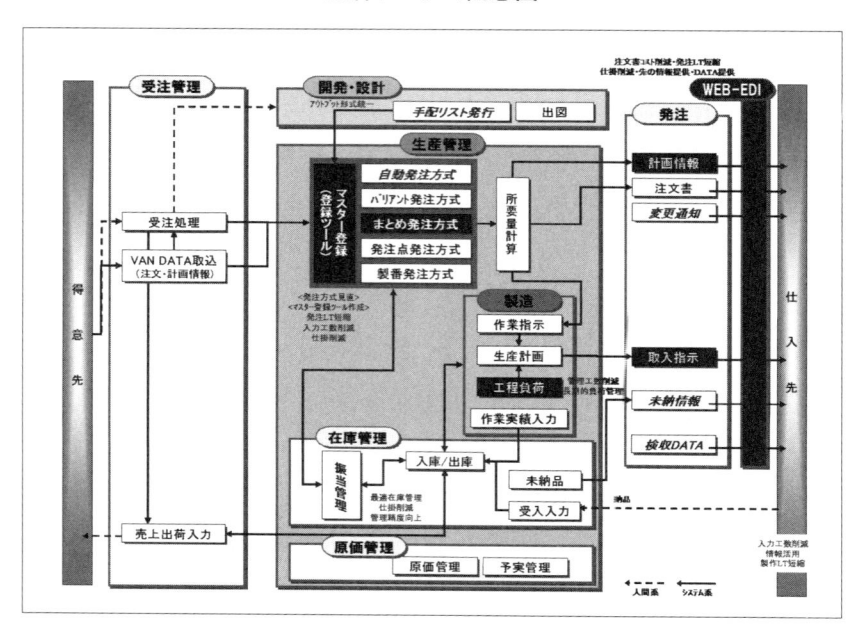

また、全社員に対して、経営情報の開示をおこなうことにより、経営環境の変化やトップの経営方針の浸透をはかるとともに、日々の活動においては、写真や画像を使ったわかりやすい改善事例や安全情報の共有化に努めてきました。

IT活用できる企業組織を作っていくために、「データで語る」という意識を全社的に定着させていったことが、適宜IT活用の高度化ステップを順調に進めることができた背景にあるといえます。

当社は、製造業であることから、基本的に生産管理システムを中心においてIT化を進め、そこに受注管理システム、発注管理システムを連携させていく形で、全社業務の効率化をはかってきました。開発、設計、製造管理、在庫管理、原価管理などを、受発注管理と連携させ

ることにより、それぞれの業務効率が高まり、一貫生産システムとして構築できたことが、競争優位を創りだすことにつながりました。

さらに、協力企業との間の情報共有が当社にとって重要な課題であったことから、WEB-EDIを活用し、双方の業務改善に取組み、協力企業とのEDIカバー率は、約95％と高い水準となりました。

当社のIT経営の取組みはまず、自社内における基幹業務のIT化を一定の水準に高め、その効果をもって、WEB-EDIの強化に進展させてきたものであり、全社最適から業界最適へとIT化ステージアップをはかってきた事例です。

4 受賞後から現在に至る推移

板金機械事業部を中心に進めてきたセル生産を軸とする生産革新活動を他の機種や部門についても水平展開し、問題を顕在化させながら課題解決をはかることを繰り返すことによって、さらなる品質・コスト・納期の向上を推進しています。

例えば、当社の事業のもう一つの大きな柱である、大手メーカー向けの建設機械量産ライン品においても、仕掛り低減とリードタイム短縮の実現のため、WEB-EDIを活用した改善効果を増大させています。

さらに海外生産体制の強化と業務効率化を目指し、2011年、中国に工場を設立し、海外事業展開をスタートさせました。その際、中国工場の早期立ち上げ、システム導入コストの削減をはかるため、クラウド型生産管理システムを導入しました。

WEB-EDIの運用と、マルチ言語対応、システム管理者不要という効率的なIT活用を可能とするグローバル化対応を進めることにより、さらなる成長を続けています。

中国工場へのクラウド型生産管理システム導入

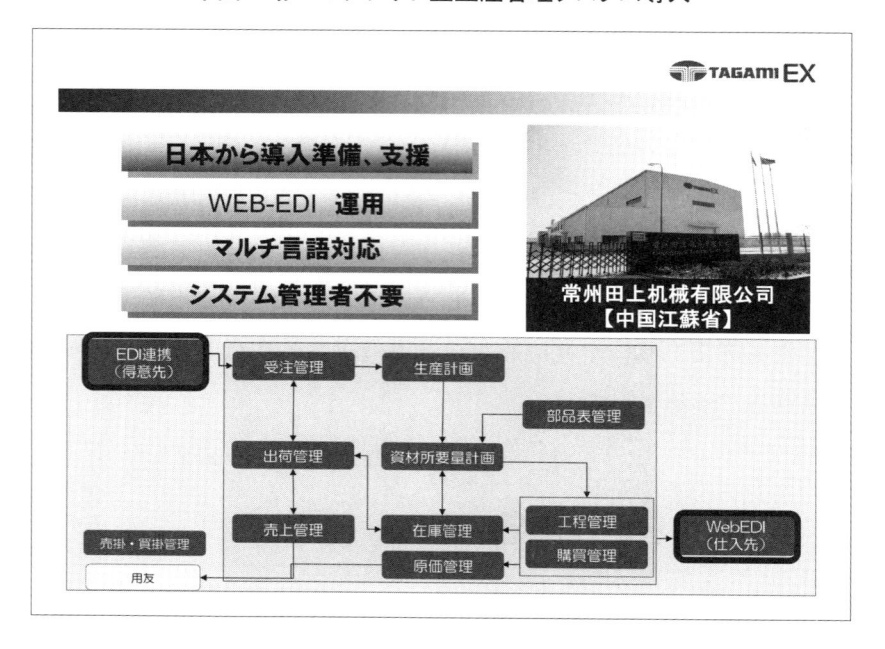

● 成 功 要 因 ●

① トップダウンによる生産革新運動を推進したこと
② ライン生産から需要変動に対応したセル生産方式に転換したこと
③ 徹底した「見える化」の推進で全社的情報共有の効果を拡大したこと
④ WEB-EDIを活用した協力企業との情報連携による業界最適を実現したこと

田中精工株式会社

「中小企業IT経営力大賞2009」経済産業大臣賞受賞

本社所在地　：京都府宇治市
資 本 金　：4,000万円
従 業 員　：124人（パート・アルバイトを含む）
設　　立　：昭和44年（創業：昭和21年）
業種・業務内容：電気機械器具製造業
Ｕ Ｒ Ｌ　：http://www.tanakaseiko.co.jp
受賞対象のIT化の時期：平成18年頃

代表取締役社長
田 中 光 一

【受賞の評価ポイント】

　統合型生産管理システムによる全社最適化にとどまらず、パートナー企業（外注先）と、生産計画・受発注情報等の見える化を図るため、「小規模製造業EDI普及協議会」を設立し、データセンターを活用した企業ネットワークを形成しています。これにより、企業グループとして、ダイカスト製造のリードタイムの短縮やコストの削減、品質の向上をはかっています。このような、自社の高いIT活用の成熟度に加え、Web-EDIを活用した小規模企業とのネットワーク型企業連携を実現し、大手企業を主要顧客とする中小企業の連携による成功事例として高く評価されました。また、システムを自社開発するだけでなく、その活用を推進するための内部人材の育成、さらには、パートナー企業の人材育成支援をおこなうなど、中小企業のIT活用の取組み姿勢の模範事例としても高く評価されました。

Summary

1 IT経営取組みによる成果

『中小企業IT経営力大賞』において経済産業大臣賞を受賞した際の応募内容にて、応募時点の成果を本格的なIT経営取み組時点との比較で示します。

（1）定量的成果の内容
①売上の増大と経常利益の拡大
　　売上の増大　　：H19年の売上は、対H15年比で21％増
　　利益率の拡大：H15年の0.9％からH19年は、2.7％へ
②業務効率の向上
　　協力会社を含む総リードタイム　　：20％短縮
　　購買外注業務（納品・検収）期間：50％短縮
　　さらに外注発注計画の精度向上による金額の適正化などにより、経常利益は3割以上増加

（2）定性的成果の内容
①従業員のQCD向上への取組み
　数値にあらわれない効果として、協力企業が管理レベルの向上に取組む姿が同社内でも見えるようになったことから、同社の従業員が「協力企業もがんばっているのだから自分たちも負けないようにがんばろう」と、さらなるQCD向上に取組む気風がうまれてきました。
②企業グループとしてのシステム構築
　当社システムは、統合型生産管理システムによる全社最適化を図ることにとどまらず、パートナー企業と生産計画・受発注情報等の「見

える化」をデータセンター活用によるネットワーク化で推進し、企業グループとしての製造リードタイムの短縮化やコストの削減、品質向上とともに、Web-EDIを活用した小規模企業とのネットワーク型企業連携を実現しました。

❷ 成果をもたらした経営環境の把握と経営課題の認識

（1）当社の特徴

　当社は、大手電機メーカー等からの受注に応じて、精密ダイカスト金型の設計・製作、精密ダイカスト部品、高品位ダイカスト完成部品、電気電子機器（OA・FA）の精密部品、精密機器の部品加工など、ダイカスト製品の一貫生産をおこなっています。一貫生産の実現に際して、多数の協力企業との工程分担および密な情報連携による企業グループとしての生産管理システムを構築するとともに、同システムをクラウド活用「生産販売管理システム（PT-SaaS）」として、他の製造業ユーザに提供する支援ビジネスも展開しています。

（2）経営環境と経営課題

　ダイカストの主要な生産工程には、金型製作／ダイカスト鋳造／穴あけ・ねじ穴等の加工／表面塗装／検査等、さまざまな工程があります。従って、大手メーカーからのさまざまな受注のすべてを自社内の設備や人員だけで一貫生産することは困難であり、協力企業との工程分担、相互連携が不可欠となります。こうした工程の組み合わせは製品によって異なるうえ、大手メーカーからの納期やコストに関する要求はより厳しくなってきており、当社だけではなく、協力企業を含め

た「企業グループ」として生産管理およびQCD（品質、コスト、納期）の向上に取組むことが必要となってきました。当社ではそれまでも生産計画情報のWeb公開をおこなってきましたが、発注情報に止まっていました。これだけでは「見える化」にはならず、少なくとも協力会社における着手・完了情報や出荷情報も含めた情報共有の仕組みを実現する必要がありました。しかし、協力会社は当社と資本関係はなく、当社への依存率も平均50％であり、企業規模も20名以下の小規模製造業が大半です。このため、実現する仕組み、システムをどこまで協力会社が的確に利用してくれるかが大きな課題でした。

また、自社管理レベルを上げQCDを向上させたいと考えている協力会社も多くありましたが、生産管理の知識や支援するシステムがないため取組めないという状況にありました。

3 IT経営の概要

（1）経営課題解決のためにとった具体的方策

上記背景から、平成19年4月、企業グループとしての生産管理レベルやQCDの向上をはかるために、当社及び協力企業10社で「小規模製造業EDI普及協議会」を設立しました。この協議会を通じ、当社の協力企業の中心である「従業員数20名以下の小規模製造業」が活用できるシステムを開発し、同システムの活用により管理レベルを向上する取組みを推進しました。この取組みは平成19年度経済産業省「中小企業戦略的IT化促進事業」に採択されましたが、協議会のシステム開発にあたり、発注情報や完了情報をやり取りするだけではなく、ものづくりやビジネスに必要なさまざまな情報をやり取りし、それぞ

れを必要な企業同士で共有できることを基本思想としました。

　どんなにすぐれたシステムを構築しようとも、活用されてこそ意味があります。そこで、協議会のシステムでは、ユーザーとなる各メンバー企業のITインフラ、ITリテラシー、生産管理等の企業レベルに合わせた、以下の3段階で導入、活用できるような仕組みとしました。

　第1段階：発注情報の受信、出荷情報の送信、検収情報の受信、
　　　　　　売上管理
　第2段階：生産計画（作業順序）の作成、自社の工程管理
　第3段階：再外注への発注、資材等の発注管理

　たとえば、すでにインフラ整備が進んでいる、あるいはIT利活用が進んでいる企業は第3段階まで活用することにより、自社の生産管理をシステム化することが可能となります。また、IT利活用がまださほど進んでいない企業の場合でも、第1段階の利用をすることで、企業グループ全体に必要な受発注、出荷検収、売上情報等を提供することが可能となり、かつ自社の売上管理もできるために作業効率の向上が期待できます。そして、なにより、このような3段階の活用方法を準備することにより、協議会すべてのメンバー企業がシステムに参加することが可能となり、企業グループとしての「見える化」が可能となりました。

（2）IT経営への取組みの経緯

　当社は上記の通り、「小規模製造業EDI普及協議会」を設立しましたが、設立にあたり当社社長が会長に、また、協力企業の主力2社の社長が副会長となり、当社のCIO的存在である取締役管理部長が事務局長に就任したうえで、ITコーディネータをアドバイザーとする体

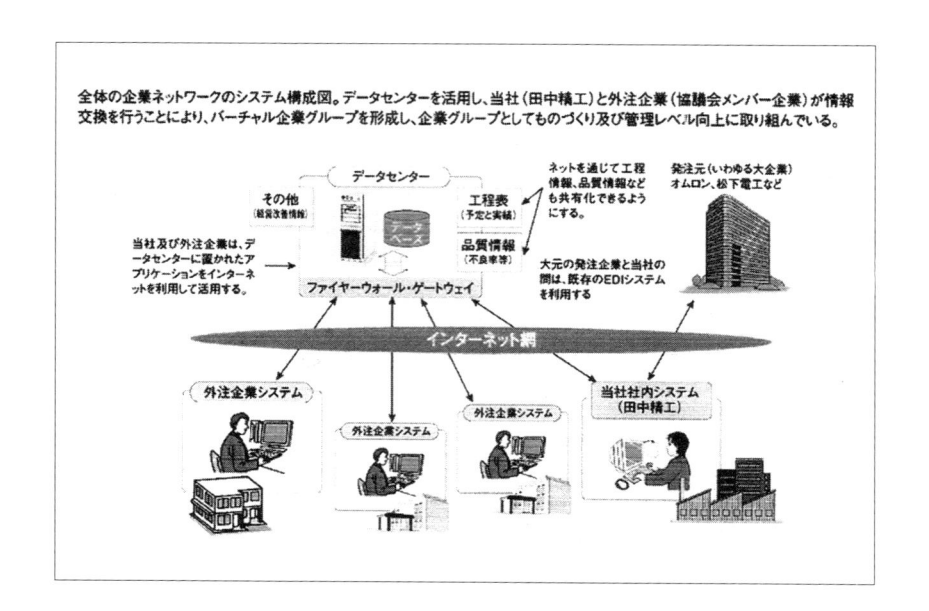

全体の企業ネットワークのシステム構成図。データセンターを活用し、当社（田中精工）と外注企業（協議会メンバー企業）が情報交換を行うことにより、バーチャル企業グループを形成し、企業グループとしてものづくり及び管理レベル向上に取り組んでいる。

制づくりをおこない、当社社長が先頭に立ち活動を推進しました。

　平成19年度は毎月1回の定例会を開催しシステム活用のための方策や運用に必要なインフラ整備方法等を検討し、上記の3段階レベルでの活用という結論を得ました。

　また、協議会メンバー企業におけるCIO人材育成については、平成19年度の関西IT経営応援隊事業である「京都EDI研究会」に協議会メンバー企業の経営者や担当者が参加することにより、システム利用のメリットを認識したうえでシステム化をトップダウンで推進していく環境づくりと、実際に現場でシステム活用を推進していくIT担当の人材育成を進めました。

　このような活動と並行して、当社システム部門がシステム開発をおこない、平成20年4月から本格的なシステム運用を始めることができました。

本システムの詳細ブロック図

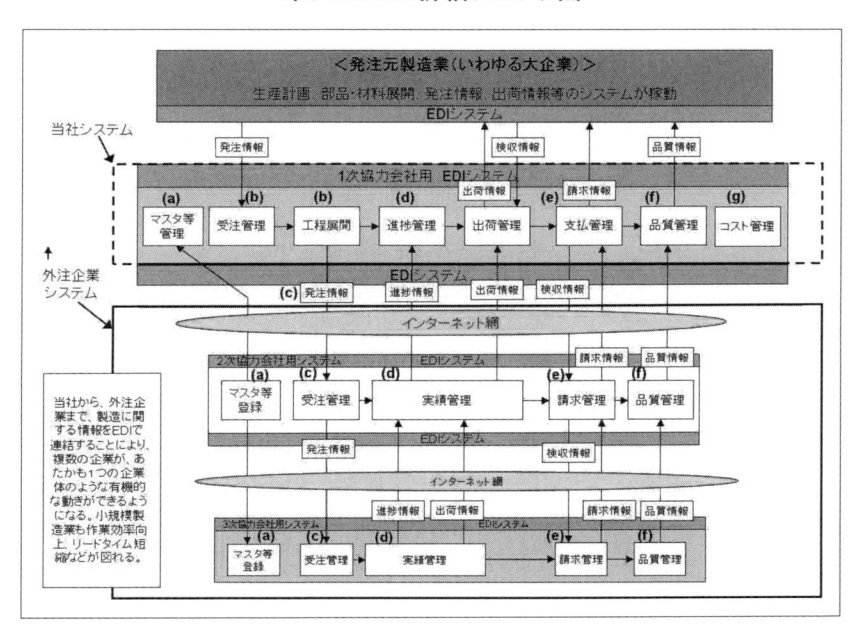

「小規模製造業EDI普及協議会」にて開発したシステムは、上の図にあるような機能をもち、モノづくりに必要な情報をタイムリーに交換しています。

4 受賞後から現在に至る推移

　企業グループとしてIT経営に取組むインフラは完成し、上述のような効果も出てきていますが、協力企業の間にはシステム活用に温度差もみられます。活用度の低い企業のモチベーションを向上させて、企業グループ内すべての企業が同じような意識レベルで経営改革に取組むための方策として、当社以外の、協力企業の中でモデル企業を設

定し、さらに大きな効果を出しながらその成果をPRしています。また、「小規模製造業EDI普及協議会」活動を軸にクラウド活用による業務改革システムを他の企業グループにも普及させ、日本の製造業の競争力向上を目指すような活動を推進してきています。

● 成 功 要 因 ●

① 「小規模製造業EDI普及協議会」の組成によって、協力会社・取引先との間で業界最適化を実現したこと
② データセンターを活用した全社的な情報共有の仕組みをつくったこと
③ 企業レベルに合わせたシステムの導入と無理のないステップアップをしてきたこと

東海バネ工業株式会社

「中小企業IT経営力大賞2009」経済産業大臣賞受賞

本社所在地	：大阪府大阪市
資本金	：9,644万円
従業員	：80人（パート・アルバイトを含む）
設　立	：昭和19年（創業：昭和9年）
業種・業務内容	：金属バネ製造業
ＵＲＬ	：http://www.tokaibane.com/
受賞対象のIT化の時期	：平成15年頃

代表取締役
渡辺　良機

【受賞の評価ポイント】

　SCMを実現した基幹システム「TASCAL」とWeb受注システム「リオダ」等を統合し、全社最適化された高度なシステムを活用することにより、情報の共有や再活用による受注から設計、製造における徹底した業務の効率化、Webマーケティングによる新規顧客、取引の拡大をはかっています。特に、Web活用による攻めのIT活用により、多品種小ロットの完全受注生産を可能とし、ばねトップメーカーの地位を獲得しています。ものづくりへのこだわりや職人技術の向上など、現場重視の独自の取組みがおこなわれてきており、明確な経営戦略に基づいたIT活用を実践している模範事例として高く評価されました。また、IT経営の推進に当たっては、社内にIT委員会を設置するとともに、外部専門家（ITコーディネータ）やITベンダとの積極的なコラボレーションをしている点も高く評価されました。

Summary

1 IT経営取組みによる成果

『中小企業IT経営力大賞』において経済産業大臣賞を受賞した際の応募内容にて、応募時点の成果を本格的なIT経営取組み時点との比較で示します。

(1) 定量的成果の内容
①売上・利益の増大
　売上の成長　　　：H19年の売上は対H15年比で約53%増
　売上高原価率　　：H15年の65.8%からH19年は56.5%に低減
　　　　　　　　　　（特別償却含む）
　H19年の営業利益：対H15年対比で約7.2倍に拡大
　経常利益率の改善：H15年の0.8%からH19年8.9%に向上

(2) 定性的成果の内容
①情報共有化・顧客評価による従業員モチベーションの向上
　ローテク分野からハイテク分野までさまざまな受注の情報を共有化することで「自分達の作るバネの社会的貢献性」を全従業員が認識できるようになったことや、これまでの取組みに対する、数々のアウォード（受賞）歴や、工場見学受け入れなどの社会貢献も従業員のモチベーションの向上につながってきました。

2 成果をもたらした経営環境の把握と経営課題の認識

(1) 当社の特徴

　自動車や家電向けの大量生産色の非常に強いばね業界において、唯一、平均受注ロット5個、年間2万5千～3万件に及ぶさまざまな種類の高品質・オーダーメイドばねをお客様に提供しているばね専業メーカーです。

　これらのものづくりは卓越した製造技能をもつ「ばね職人」と多品種微量生産体制を究極に高めた「基幹システム」に支えられており、99.94％の納期厳守率で、年間約1,000社に必要な時に必要な量をしかも確実にお届けできる体制により顧客満足と顧客信頼を得ている企業です。

(2) 経営環境
①外部環境

　日本国内に存在するばねメーカーは約3000社といわれており、業界の主要顧客である「自動車・弱電・情報機器」等の大量生産・大量供給型メーカーにばね業界の売上高全体の約85％が依存するなか、主要顧客を舞台とした競争は、国内のみならず海外メーカーとも熾烈な価格競争となっており、対応策として海外への生産拠点シフトも進んでいます。

(3) 経営課題

　創業以来、大量生産分野にはあえて参入せず、多品種微量、オーダーメイド専門のばねメーカーというポジションを堅持してきました。このような多品種微量生産モデルを維持するには、機械に頼らない、卓

越した製造技能をもつ職人による手作り生産、さまざまな業界ニーズに対応可能な設計・技術対応力や製造ノウハウの蓄積・活用が必要不可欠でした。また定期的な顧客発注はほぼ「ゼロ」であり、数年ぶりという受注も珍しくなく、すべての顧客情報を何らかの形で保存することも必要でした。その一方、創業以来黒字経営を維持してきましたが、さらなる生産コスト圧縮や残された損益分岐点を下げる要素は少なく、持続的なビジネス成長に向け、どう乗り切っていくかが大きな経営課題となってきました。

3 IT経営の概要

（1）経営課題解決のためにとった具体的方策
①マーケットイン体制の構築
■費用対効果に優れた新規顧客開拓による顧客数の増大

多品種微量生産は小口受注が主体のため、一般的な方法による新規顧客開拓では費用対効果の面から大きな効果は望めず、結果として毎年ほぼ一定数の顧客からの受注しか見込めませんでした。ところが、新規顧客獲得に至る成功プロセスを分析してみると、見込み客から当社への技術問合せを増加させる手段が有効であることが分かりました。

このことから、WEBサイトを全面的に見直し、「ばねのe-ディクショナリー型サイト」を新たに開発、同サイトにこれまでの当社の技術ノウハウを全て情報開示することにより、見込み客確保と新規顧客化に取組みました。

■オーダーメイドに対応できる技術体制の高度化とサービス提供
　スピードの向上。

オーダーメイドは顧客が希望する性能通りのものは提供できますが、完成まで時間がかかるという問題があります。この問題の解決のため、設計支援システム「UNCLE」の充実による設計の効率化をはかり、多種多様なばね設計業務の効率化と顧客への技術情報提供を大幅にスピードアップしました（主要なばねについては設計からCAD図面の出図まで60分以内）。

　また、営業システム「TASCAL」の導入をはかり、基幹システム内のデーターベースからさまざまなオーダーメイドばねの瞬時の原価算出や容易な売価設定をおこなうことにより、顧客からの各種問合せに迅速に対応することを可能にしました。リピートオーダーに関しては「リオダ」システムの構築により、基幹システムのデーターベース情報をWebサイト上で顧客と共有化することが可能となり、顧客発注の大幅な利便性の向上を実現しました。さらに、「基幹システム」に蓄積したすべての販売と生産技術の履歴データを活用することにより、多品種微量且つ不定期リピートオーダーへの迅速な対応も可能となり、非常に高い顧客信用度を獲得できるようになり、リピート率は87％となりました。

②業務システムの変革
■蓄積情報の再活用と手間ヒマ項目をそのままにした無駄の排除
　「TASCAL」システムの構築を通じ、基幹システム・営業システム・技術システムを一つに連携させ、引き合い、設計、見積り提出から受注に至るプロセスを一元的に管理することにより、データの重複入力の排除と業務間連携の効率向上をはかりました。また、主な外注先及び購買先との情報をオンラインで交換するシステムを構築することにより、全体の7割を自動発注できるようにしました。

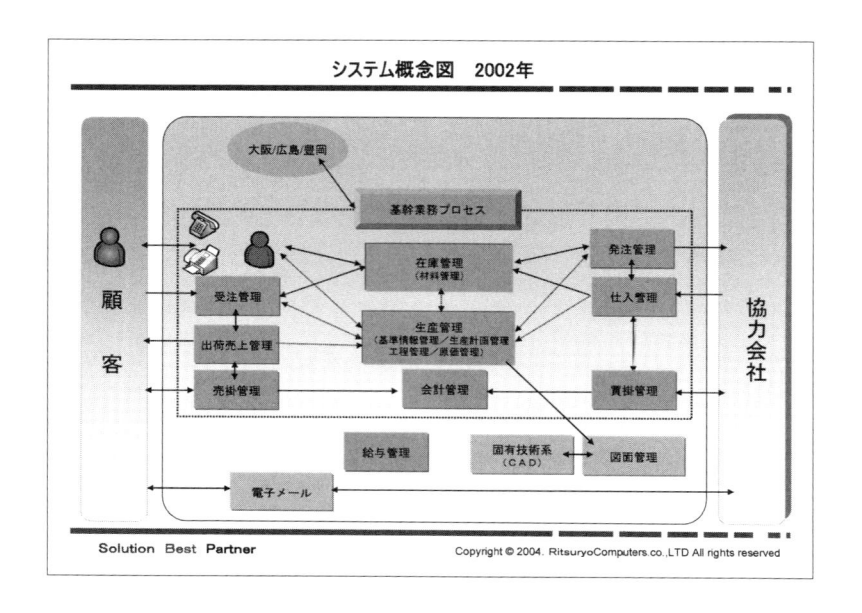

```
┌─────────────────────────────────────────────────────┐
│            システム概念図　2002年                    │
├─────────────────────────────────────────────────────┤
│  （図：基幹業務プロセスを中心としたシステム構成図）   │
│   顧客 — 受注管理／出荷売上管理／売掛管理            │
│   在庫管理（材料管理）／生産管理／会計管理           │
│   発注管理／仕入管理／買掛管理 — 協力会社            │
│   給与管理／固有技術系（CAD）／図面管理／電子メール  │
└─────────────────────────────────────────────────────┘
```

■社内コミュニケーションの活性化と業務間の情報伝達の効率向上

　グループウェア導入とグループメール活用を通じた案件情報や受注状況、生産状況の情報発信によって、全社同時共有の社内コミュニケーションへと発展させ、経営戦略遂行の大きなエネルギーに結び付けることができました。またリピートオーダーは「リオダ」システムにより、営業を介さずダイレクトに生産管理に情報伝達され、生産着手までの時間が大幅に短縮されると同時に、業務効率の飛躍的な向上がはかられました。

　当社ではもともと、システム概念図2002年にあるように、ある程度SCM化されたオフィスコンピューターの基幹システムを中心としたシステムを実現し、情報系システムとはCADの図面管理部分で連携をとっていました。2007年、このシステムにWebをはじめとした情報系システムを段階的に追加し、基幹系システムとの連携をさらに強めてきました。

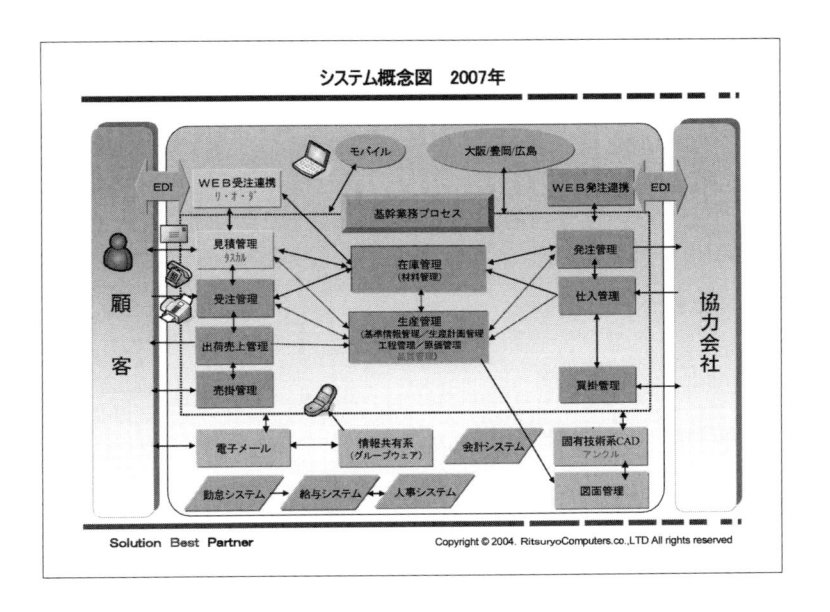

(2) IT経営への取組み

「従業員満足度の向上が顧客満足を育み、やがてそれが企業繁栄につながる」という経営者の考えのもと、多品種微量生産ビジネスモデルの要は、「ばね職人」に代表される「従業員」であるとの信念と決意をもってIT経営を推進してきました。

そして、「ITありき」ではなく、「人が全ての価値を創造する」を最優先させ、モノづくり現場でのばね職人や最前線の営業マンにとって、「どうする事が人間らしい創造性に溢れた仕事環境になるのか」を徹底的に追求し、新システム導入に際しても「どの様なシステムが必要で、その結果どうなるか」を明確化し、従業員全員に伝え、全社一丸なって取組む環境を創り出してきました。

また、現場では、従業員一人1台のノートPCを配置したことにより、若手を中心に自発的なIT活用体制が構築され、コミュニケーション

支援システムの導入によって、各職場発のメルマガへと発展しました。

こうしたIT経営の推進を支えてきたのは「IT委員会」でした。当委員会は全グループから役職に関係なく選抜されたメンバーで構成され、全社へのIT経営推進の必要性や意義の伝達をスムーズにおこない、IT経営推進の透明性向上や推進モチベーションの向上に大きな役割を発揮しました。

4 受賞後から現在に至る推移

多品種微量のばねメーカーとしての当社の要は、あくまでも「ばね職人」にあります。ただし、今後はこれまでのばね職人とは異なる「21世紀型のばね職人」が求められていきます。すなわち、ナレッジの共有や活用をさらに効果的におこなうことのできる体制作りや、個人的な技能や経験のばらつきを補う仕組みをITのさらなる活用で構築していくことを進めています。

● 成 功 要 因 ●

① WEBサイトを全面活用した新規顧客の開拓
② 顧客オーダーメイドに即応するマーケットイン体制の構築
③ 全社委員会による全社を挙げたIT経営の推進
④ 外部専門家（ITコーディネータ）とITベンダとのコラボレーション

株式会社 オオクシ

「中小企業IT経営力大賞2010」経済産業大臣賞受賞

代表取締役社長
大串 哲史

本社所在地	：千葉県千葉市
資本金	：4,000万円
従業員	：90人（パート・アルバイトを含む）
設　立	：昭和57年
業種・業務内容	：理容業・美容業
URL	：http://www.ohkushi.co.jp/
受賞対象のIT化の時期	：平成22年

【受賞の評価ポイント】

　従業員情報、顧客情報をはじめ、あらゆる情報を分析活用し経営成果に結びつけて成長をはかっています。特に80％超の再来店率は、60％を超えればよいとされている業界において、際だつ値となっています。これは、年齢別、性別別、趣向別、地域別といった種々の顧客情報と従業員の技術情報のミックス分析により顧客満足度の向上をはかった結果です。同時に、顧客対応の状況を分析して、従業員一人ひとりの技術向上課題にするなどの具体策をとれることも情報活用の効果です。また蓄積データから月別、週別、曜日別需要予測によって17店舗間での人手調整をスムーズにし、繁閑対策にもつなげています。「見える化」されたデータをもとに、目標達成型経営を展開していくPDCAサイクルの確立により売上を大きく伸ばし、経営理念の実現と顧客満足経営をIT活用によって効果的に展開していることが高く評価されました。

1 IT経営取組みによる成果

『中小企業IT経営力大賞』において経済産業大臣賞を受賞した際の応募内容にて、応募時点の成果を本格的なIT経営取組み時点との比較で示します。

(1) 定量的成果の内容
①売上・利益の増大と来店数、再来店率の向上
　売上の成長　　：H20年の売上は、対H16年比で196％増
　　　　　　　　　6期連続で前年対比10％超の成長を続けています。
　利益率の向上：H16年の2.2％からH20年7.5％へ
　　　　　　　　　4期連続で前年対比向上しています。

　顧客数の増加とリピート率の向上：H20年では、年間来客数30万人を越え、再来店率（リピート率）全店舗平均80％超となりました。

(2) 定性的成果の内容
　データの早期公開と「見える化」により、スタッフ間のコミュニケーション時間の増加し、スキルアップ研修との相乗効果で、従業員のモチベーションが向上しました。それは、定着率の向上という形でも見えています。

　目標達成及び問題解決PDCAサイクルのスピードアップで経営体制が強化されていることを実感するとともに、データの透明性、情報共有による社会的信頼アップと組織力のアップへとつながっています。

❷ 成果をもたらした経営環境の把握と経営課題の認識

（1）当社の特徴

　理容業からスタートし、美容業を含め、トータルビューティビジネスへと拡がりをもったビジネスへと展開してきている企業で、千葉市を中心に地域のニーズ別店舗を20店（受賞時）営み、地域密着を重視したサービス業者です。

　顧客の再来店率（リピート率）では、特に美容業では60％を越えればまずまずといわれるなかで、店舗平均80％超を維持しています。顧客満足の高さを追求するためのデータ活用、そして、従業員（スタッフ）のスキルアップと高定着率をはかるためのデータ活用などに取組み、着実な成果をあげています。

（2）経営環境

①外部環境

　平成15年頃より、IT経営を本格的に取組みはじめることになるのでが、当時、理美容業界では、新規出店が多く、年々同業他社は増える傾向にあり、店舗数はコンビニエンス・ストアの8倍もあるという大変厳しい競争環境におかれていました。さらに低価格チェーン店の拡大も従来型の理美容業者にとっては大きな脅威でした。

　こうした状況で、理美容業における顧客集客の商圏も狭くなり、必然的に顧客減少、売上低下、利益率低下ということが、業界として当たり前のように進んでいました。

②内部の状況

　理美容業は、極めて労働集約的な業界であるがゆえに、従業員（ス

タッフ）の技術レベルのばらつきや、接客能力（コミュニケーション能力）の差、あるいは組織内での人間関係といった問題は、企業経営に大きな影響を与える要因でした。

　また、接客業の性質上、繁閑差による人材活用のミスマッチなども大きな問題でした。それゆえ企業の理念を共有する仲間として、全従業員のスキルアップをはかり、強い集客力をもち、良い人間関係を築きつつ、対顧客サービスの提供をはかっていかなければ企業の存続さえ危うくなるという危機感を強く抱くようになりました。

（3）経営課題

　上記のような経営環境下において、次のような事項を主要な経営課題ととらえました。

1. 労働集約的な産業からシステム産業への転換
2. 問題改善サイクルのスピードアップ
3. 従業員定着率の向上
4. 店舗数の増加による収益性圧迫への対応
5. 非効率な集客と販売促進の改善
6. IT関連の管理状況の「見える化」の推進

3 IT経営の概要

（1）経営課題解決のためにとった具体的方策

　労働集約的な産業からシステム産業への転換をはかり、経営課題解決に向けて取組んだ内容は、次の通りです。

① 問題改善サイクルのスピードアップ

　全店舗をインターネット回線でつなぎ、POSレジ会計機能で収集されるデータを沖縄においたサーバーでASP配信管理し、データの集計・分析・フィードバックを月単位から週単位で回していくサイクルを確立しました。その際、経営のPDCAサイクルを目標達成サイクルと問題解決サイクルの2つのサイクルに分け、問題解決サイクルについては別会社であるビューティコミュニケーションシステムで、目標達成サイクルはオオクシ本部でデータマイニングして、経営にフードバックし、全社にて「見える化」していく仕組みとしてシステムを構築していきました。

　このサイクルを短期回転させることで、従業員の生産性を数値として「見える化」し、従業員意識の向上、効果的なスキルアップにつな

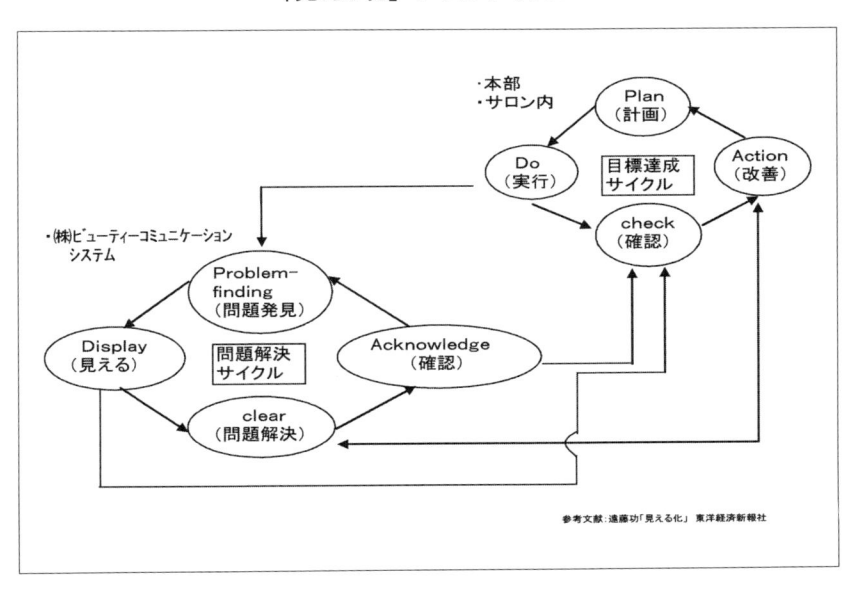

「見える化」ダブルサイクル

がる個々の従業員別改善プログラムをつくって研修事業を実施しました。この際に経営者が気をつけたことは、数値の「見える化」が、従業員の個人攻撃につながらないよう、あくまでも個人のスキルアップとしてとらえられるように配慮する環境づくりでした。

② **人材の育成（スキルアップ）**

ダブルサイクルで「見える化」を進めることで、店舗別、個人別の生産性や効率性が明確になり、さまざまな差が一目瞭然となるのですが、そのことが従業員個人を対象とした攻撃にならないように、社内の研修施設や現場をつうじて、それぞれの従業員向けのスキルアップ研修を「得意を伸ばし、不得手を克服する」ためのプログラムとして動機付けにリンクさせ、従業員満足の向上を意識した制度を構築していきました。これにより従業員の定着率の向上にも効果を発揮することができるようになりました。

③ **顧客満足と販売促進策**

日々のデータを蓄積し、季節、曜日、時間帯、天気の状況などによる来客状況を分析することで、店舗間の従業員の移動（派遣）によって繁閑格差を軽減することが可能となり、人材活用、従業員の生産性向上にもつなげるデータ活用としました。

また、宣伝広告に関しては、地域の情報を分析することで、チラシや広告配布でのコストの無駄を排除し、効率性を上げるためのデータに基づくエリア・マーケティングを実施しました。

そして、出店にあたっては、商圏調査ソフトや独自調査によるデータを使って立地選定や新規出店計画を立て、ドミナント戦略で認知度を高め、地域ブランド力をつけていくなど、データを情報に転換していくデータマイニングをはかりました。

さらに、来店客の嗜好などの情報をデータベース化し、趣味嗜好や従業員の技術スキル面での適性を考慮して顧客満足を高め、再来店につなげる従業員スタッフと顧客のマッチングにデータ活用を進めることにも着手しました。

④ セキュリティ対応

接客業で個人情報をあつかう企業としてセキュリティ意識を高め、実行していく必要があることから、自社のIT化にあわせた管理マニュアルとして、セキュリティポリシーに基づいたマニュアルを策定し、全社で周知徹底をはかるとともに、IDパスワードの定期的見直し、ソフトにもパスワードをかけるなどセキュリティ強化をはかりました。

(2) IT経営取組みの経緯

現社長が個人理容店を嗣いだときにもっていた希望は、トータルな理美容業を展開するトータルビューティビジネスを多店舗展開していくというものでした。

この希望を実現するためには、業界の抱える問題、自社の抱える問題を明確にし、それを課題解決していかなければならないのですが、その際に、ITが必須のツールであるという気付きがあったことが、企業成長の分岐点となっています。

課題解決のためのPDCAサイクルをIT活用して効果的に回し、より早く課題解決施策（手段）を模索、実行することが多店舗によるトータルビューティビジネスを進展させることにつながりました。

この取組みにおいて、ITコーディネータとの出会いも欠かせない成功要因でした。経営者の良きパートナー、アドバイザーとしてITコーディネータを活用して、全般的なIT経営状況の把握、課題対

ASP型　リアルタイムPOSシステム

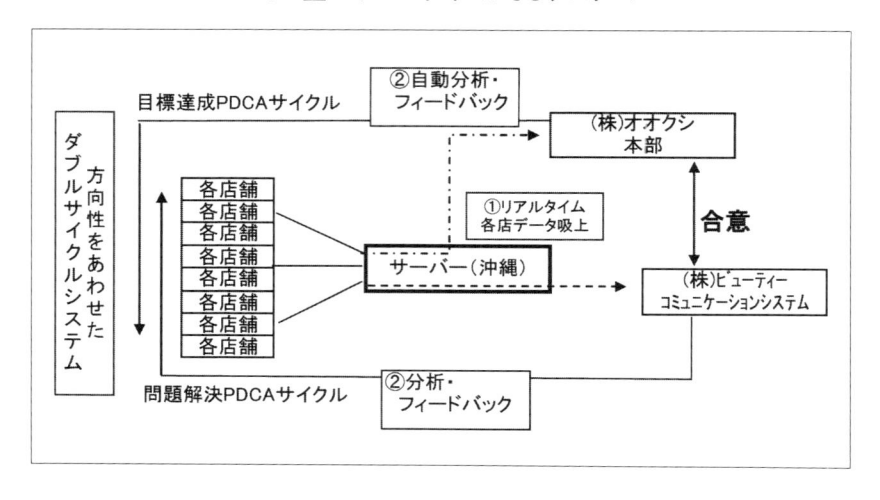

```
                    ②自動分析・
        目標達成PDCAサイクル  フィードバック
ダ  方                ┌──────────┐       (株)オオクシ
ブ  向   各店舗                              本部
ル  性   各店舗       ①リアルタイム
サ  を   各店舗       各店データ吸上       合意
イ  あ   各店舗  ─  サーバー(沖縄)  ─
ク  わ   各店舗                              (株)ビューティー
ル  せ   各店舗                              コミュニケーションシステム
シ  た   各店舗
ス      各店舗
テ       問題解決PDCAサイクル  ②分析・
ム                              フィードバック
```

応策などの最善策模索に効果を発揮できる状況になっています。

4 受賞後から現在に至る推移

　経済産業大臣賞受賞時において、今後の課題としていた拠点グループ体制（5店舗程度で1グループ）への移行、全スタッフのさらなるレベルアップによる「よりハイクオリティなサービス提供」・「ローコスト化」をめざして、データ分析のスピードアップと正確性向上で「見える化」をさらに進め、経営への効果的フィードバックを実施してきました。

　データマイニングによる客観的根拠に基づく経営の進展で、受賞後も店舗数増加や成果拡大がみられています（平成25年6月末34店舗、11期連続で前年対比10％超の成長、年間客数65万人）。

● 成 功 要 因 ●

① 徹底したデータマイニングで、情報の高度活用をはかり、ビジネス価値を向上
② ITを活用して、マネジメントサイクルを正確かつスピーディに回すことで、全社的対応の迅速性と競争優位につなげた
③ 経営者のリーダーシップで、従業員の意識改革と人材育成に効果を発揮

『中小企業IT経営力大賞2010』結果と記念式典・表彰式

　全応募数231件のうち、審査委員会による厳正な審査により、経済産業大臣賞2件、日本商工会議所会頭賞2件、全国商工会連合会会長賞2件、全国中小企業団体中央会会長賞2件、独立行政法人情報処理推進機構理事長賞1件、特定非営利活動法人ITコーディネータ協会会長賞2件、商務情報政策局長賞1件、中小企業庁長官賞2件、審査委員会奨励賞4件が選ばれました。

　2010年2月24日『中小企業IT経営力大賞2010』記念式典・表彰式が都市センターホテル（東京都千代田区）にておこなわれました。記念式典では、基調講演、経済産業大臣賞受賞2社の経営者によるパネルディスカッションがおこなわれ、表彰式では、松下忠洋経済産業副大臣（当時）のご挨拶のあと、共催機関を代表して岡村正日本商工会議所会頭のご挨拶、松島克守審査委員長（東京大学名誉教授）の講評があり、盛大に記念式典・表彰式が開催されました。

株式会社 ホワイト・ベアーファミリー

「中小企業IT経営力大賞2010」経済産業大臣賞受賞

本社所在地	：大阪府大阪市
資本金	：8,000万円（受賞時3,750万円）
従業員	：150人（パート・アルバイトを含む）
設　立	：昭和56年5月（創業：昭和52年）
業種・業務内容	：旅行業
URL	：http://www.wbf.co.jp/
受賞対象のIT化の時期：平成22年	

代表取締役
近藤　康生

【受賞の評価ポイント】

　一般的な旅行代理店から脱却し、旅行企画プランナー、ホテル経営、レンタカー事業など総合的なサービス提供をおこなう「IT旅行商社」へと転進しています。旅行予定者たちが最も注目する入り口としてのホームページに重点を置き、コンテンツの充実やPIPの導入などにより、成約率を6％から15％へとアップ、売上も大きく伸ばしています。また、コンテンツ作成技術の高さから、MSNの旅行サイトの運営を任されているなど、多数のWebサイトを運営しています。

　さらに、より利便性を追求し、モバイル用FLASH導入や新企画の早期導入、コンテンツ拡大などさまざまな工夫をこらしています。それらを支援するために、情報の共有化、経営の見える化を進めるなどして、社内業務の効率化と分析データの利用を円滑化するためのIT活用に努めています。大手旅行業者が窓口店舗を縮小させてきている中で、着実な顧客拡大と成約率の向上によって、売上アップを続け、利益を確保するなどITの活用が進んでいると高く評価されました。

Summary

1 IT経営取組みによる成果

『中小企業IT経営力大賞』において経済産業大臣賞を受賞した際の応募内容にて、応募時点の成果を本格的なIT経営取組み時点との比較で示します。

(1) 定量的成果の内容
①売上・利益の増大
　売上の増大　：H21年の売上は、H17年対比で約140％増
　利益の向上　：H21年の経常利益は、対H17年比120％増
　リーマンショック以降、旅行業全体が国内外ともに大幅なマーケット縮小となっているなかで、当社はH21年に、過去最高の営業利益を達成しました。
②成約率の向上
　PIP（Person in Presentation）の導入により、オンラインによるコンバージョン率（成約率）が約6％から15％へと大幅に向上しました。
③Webサイトの増加とユーザー数増加
　33のWebサイトを運営し、会員登録数はH18年の約7万2千人からH21年は約16万人に増大。メルマガ会員もH18年の約1万6千人からH21年は約3万6千人に増加。

(2) 定性的成果の内容
　旅行販売のIT化によって全社員が企画に携わる体制となるとともに、CMS（Content Management System）の導入で、サイト構築・更新が商品造成者と直結し、スピーディな対応が可能となりました。

顧客アンケート結果やクレーム情報などを電子化して、素早い集計でカイゼン会議にて対応することにより顧客満足度の向上につながるようになり、また商品売上のランキング化・表彰制などによって、社員のモチベーションも高くなりました。

❷ 成果をもたらした経営環境の把握と経営課題の認識

（1）当社の特徴
　旅行企画プランナーとして、代理店業ではない"旅行メーカー"を目指して事業展開をしてきました。それにくわえて観光業全体の企画プランナーとしての事業に進出し事業拡大をはかっている旅行業者です。

　沖縄・北海道を主の拠点としたホテル、レンタカー事業や温泉施設の運営などにも取組み、店舗型旅行会社ではなく、Webに特化した「IT旅行商社」というコンセプトで、旅行業において新たなビジネスモデルの構築を実現してきている企業です。

（2）経営環境
①外部環境
　旅行業をめぐっては、航空会社やその系列の旅行会社、ホテルなどもWeb利用による販売機会が増大するとともに、Yahooや楽天などが運営する旅行ポータルが巨大化し、従来型の旅行会社の取扱量を上回る状況となってきました。同業他社にてもWeb販売に力を入れはじめ、旅行市場の競争が激化してきていました。

　また規制緩和によってバス会社の新規参入、バス台数の増加といっ

たうごきが加速し、店舗型の旅行会社など従来型の経営を見直す必要性が高くなってきていました。

②内部の状況

当初は、バス商品の取り扱いをおこなっていなかったことで、規制緩和によるバス会社増加をビジネスチャンスに結びつけていませんでした。また、Web販売に特化していく際に、紙媒体での事業展開に比べて、従業員個々の力量に依存する割合が高くなることからITリテラシーの高い人材の確保や育成が不可欠でありました。

(3) 経営課題

上記のような経営環境下において、SWOT分析、クロス分析、BSC（バランス・スコア・カード）によって自社の経営課題を明確にし、以下のような課題解決の方策を策定していきました。

1. **財務の視点として**
   売上の向上、コストの削減、安定した利益率確保
2. **顧客の視点として**
   顧客満足度の向上、情報鮮度の向上、情報の顧客伝達度の向上
3. **業務プロセスの視点として**
   新規事業の創設、旅行コンテンツの外販、専門特化したWebサイトの構築、継続的改善、不採算部門の閉鎖
4. **人材と変革の視点として**
   従業員のスキルアップ、知識情報の共有化

3 IT経営の概要

（1）経営課題解決のためにとった具体的方策
経営課題解決に向けて取組んだ内容は、次の通りです。
① 財務の視点での取組み
　売上高、原価、経費、利益率に関わる業績評価指標をもちいて事業を見直し、旅行パンフレットの製作を廃止し、Web上での情報提供に特化、特に携帯、スマートフォンに注目して、Web販売を中心とした事業に移行させました。
② 顧客の視点からの取組み
　顧客満足度の向上、情報鮮度の向上、伝達度の向上を目指し、当社へのWebアクセス数増加、リピート率アップ、成約率アップに向けて、顧客アンケートの充実、24時間リアルタイム空席・予約情報の提供、ポイント制の導入を進めるとともに、予約フローと基幹システムの見直しに着手しました。
③ 業務プロセスの視点での取組み
　新規事業の創設、旅行コンテンツの外販、専門特化したWebサイトの構築、不採算部門の閉鎖などを検討し、高速バス予約サービス（高速バスドットコム）を実施、レンタカー予約システム（レンタカードットコム）の構築、MSNの旅行コンテンツプロバイダとして旅行情報会社を設立しました。
④ 人材と変革の視点からの取組み
　従業員のスキルアップと知識情報の共有化をはかるため、新規事業への人材移動・適材適所への配置とともに、教育訓練を充実させました。また、SEOノウハウを外販し、旅行業全体の発展にも意識を向け

フロー概念図

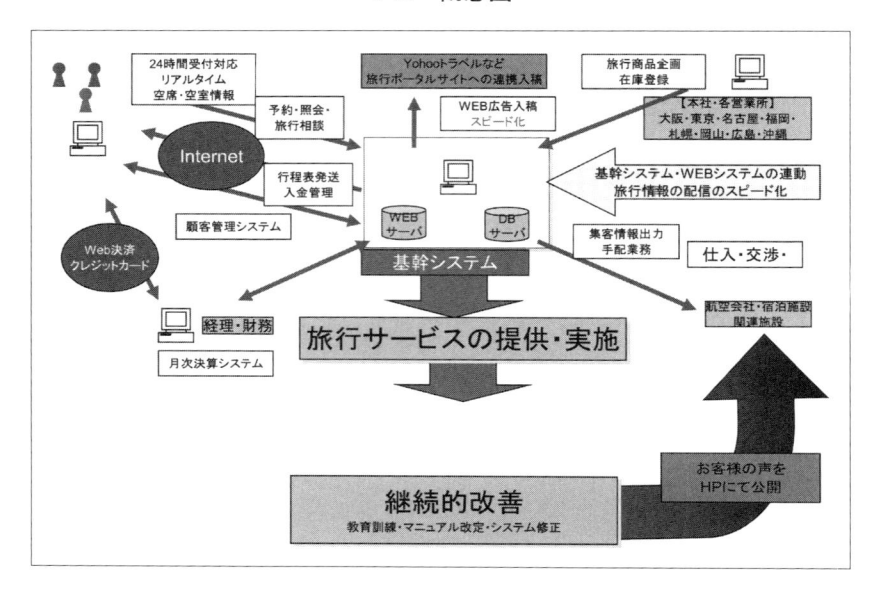

て取組みました。

(2) IT経営取組みの経緯

平成18年に発足させたマーケティング部を中心として、全社に関わるWebコンテンツの検討、情報収集・分析・効果測定などを実施し、月例会議において、売上関連・媒体別・営業所別のログ解析による傾向分析をフィードバックするPDCA継続改善を実施しました。

同時に、通称「虎の穴」と称するWeb教育訓練の場を設け、全社員を対象に、Webの基礎知識、アプリケーションソフトの利用法、HTMLの作成、企画商品造成に必要な基幹システム操作方法や、キャッチコピー作成に向けた講座などを含めた教育訓練プログラムを実施し、全社的なITリテラシーとその活用環境の整備をおこなってきました。

IT経営実践

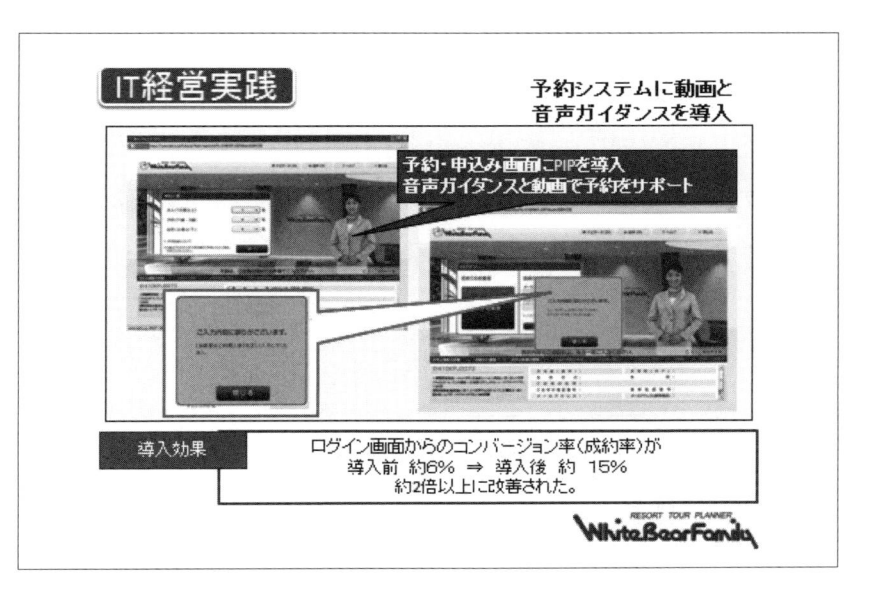

予約システムに動画と音声ガイダンスを導入

予約・申込み画面にPIPを導入
音声ガイダンスと動画で予約をサポート

導入効果　ログイン画面からのコンバージョン率（成約率）が
導入前 約6% ⇒ 導入後 約15%
約2倍以上に改善された。

WhiteBearFamily RESORT TOUR PLANNER

　このことにより、従業員1人ひとりが自ら商品開発し、自らがWebに情報をアップしていくことができる特徴をもった会社になっていきました。

　そして、商品売上管理として商品造成者ごとの売上ランキングを公開し、売上上位者には表彰制度を適応するとともに、そのノウハウを講演という形で全社員に情報提供することで、全社にて売上増大のノウハウが共有されるようにしてきました。

　また、電話受付やメール受付、カウンター受付などの接客にあたる部門については、外部コンサルタントチームが定期的に調査、分析をおこない、サービス向上につなげていく際にも、それらの情報を「見える化」し、全社的に共有することで顧客満足度向上の効果をもたらすことにつなげています。

　さらに、社会の動向として、スマートフォン、携帯電話といった端

末利用が増えてきていることから、モバイル用FLASHをいち早く導入して（先駆的でした）、顧客の利用利便性を高めていくと同時に、あわせて、PIP（Person in Presentation）を導入することで、顧客の旅行への興味・関心を音声ガイド、画像効果をもって先に進めていくスタイルは、コンバージョン率（成約率）の向上に大きく寄与しました。

4 受賞後から現在に至る推移

　旅行業界全体の活況がみられず、従来の店舗型旅行代理店の店舗縮小が続いてきているなか、ネット型の旅行商社を目指す当社が企画する旅行商品は、多様なニーズへの対応を可能とし、消費者の利用利便性をさらに高め、業績向上を続けています。

● 成 功 要 因 ●

① IT化に対応した新たなビジネスモデルの構築（情報受発信スタイルの変化への対応）
② 人的資源活用を追求したリテラシー教育と人材育成の成功
③ 組織IQを高めることにつながる社内の組織体制と各種制度の確立

株式会社 グルメン

「中小企業IT経営力大賞2011」経済産業大臣賞受賞

代表取締役社長
澤田　幸雄

本社所在地　：東京都港区
資本金　　　：4,550万円
従業員　　　：380人（パート・アルバイトを含む）
設　立　　　：昭和59年
業種・業務内容：小売業・卸売業・物流サービス業
Ｕ Ｒ Ｌ　　：http://www.gurumen.jp/
受賞対象のIT化の時期：平成19年

【受賞の評価ポイント】

　卸売事業、物流事業、食品小売事業を総合的に展開しており、三事業を発注から納品までの一括したデータ一元管理をおこなうことで、各事業における納入等のリードタイムの短縮や発注の効率化、誤出荷等の削減等、各事業の相乗効果を実現しました。

　また、卸売・物流においては、企業間電子商取引（B to B）をおこなう「なび市-Net」を構築し、過剰生産商品等を安く仕入れ中小小売業に対して廉価に商品が供給できる仕組みを実現していることや、ICタグの活用による取扱商品の精度の高い管理とトレーサビリティを実現している点が高く評価されました。

Summary

１ IT経営取組みによる成果

『中小企業IT経営力大賞』において経済産業大臣賞を受賞した際の応募内容にて、応募時点の成果を本格的なIT経営取組み時点との比較で示します。

（1）定量的成果の内容
①売上・利益の増大
　　売上の成長：H21年の売上は、対H19年比で、101％増
　　経常利益　　：247％増
　　売上高対経常利益率：292％増
②作業の効率化
　　商品受発注の効率　　：60％削減　1日あたり作業総時間
　　物流の入出荷作業効率：42％削減　1日あたり作業総時間
　　物流の作業生産性　　：約35％向上　月間総人件費比較
　　物流の商品誤出荷率　：1.2％⇒H21年0.25％
　　商品の納期達成率　　：H19年　96％⇒H21年　100％
③**物流経費の削減効率**　　：52％削減（帳票類の削減　伝票含む）

（2）定性的成果の内容
- メーカから卸〜物流〜小売業までの情報が連携でき、各事業所間の業務において情報の共有化ができ、簡素化されました。
- 卸売事業においては、これまでFAXや電話に頼っていた商品の案内や、受発注業務を簡素化でき、より多くの小売業へ即座に納品できるようになり、顧客サービスの向上が実現され、新たな中

小小売市場を開拓でき、販路を拡大できました。
- 物流事業においては、入庫から出庫まで流れが把握でき、作業の効率化・正確さや生産性が上がり、サービスが向上しました。

❷ 成果をもたらした経営環境の把握と経営課題の認識

(1) 当社の特徴

　当社は総合流通サービスとして卸売事業・物流事業・食品小売事業の3事業を同時に営むことを特徴としています。この3事業が発注から納品まで一括して取引情報のデータベースを活用することで、関係取引先を含むフードチェーン全体の情報連携がはかられています。

　中小小売業支援として、食品メーカからの余剰製品を安く仕入れ、中小小売業に廉価に提供する「なび市－Net」[※1]、ICタグを利用した自営農家と共同で作り出す新農産物販売法の確立を目指す「農商工連携事業」など、新たな事業展開に常にチャレンジしています。

(※1) なび市－Net：Webでおこなう電子データ交換(受発注)システム。

(2) 経営環境

①外部環境

　大手小売業のバイイングパワーの巨大化により、中小卸売業への低価格要請や、不当値引き、店舗の過度な在庫管理業務などの不合理な要求が強くなってきました。

　消費者の食の安全性への意識の高まり、一方で、消費マインドは冷え込みという傾向も出てきてました。

　当社の顧客である中小小売業は、大手小売業に対抗するため、多種

多様な消費者のニーズに応え、容認できるコスト、大手小売業に負けないサービスが必要になってきておりました。

②**内部の状況**

　物流部門の現場においては、庫内作業を急ぐあまり作業ミスも多くなり、納品の誤出荷等もありました。また、人力に頼る作業のため、繁忙期に対応する要員の確保や作業シフトの組み立てが難しい状態でした。

　物流システムの構築には、作業の平準化や効率化だけではなく、発注元との連携を含めたトータルでの取組みが大切になってきました。

　卸売部門においては、数々の新商品に対して、タイムリーな情報発信ができず、顧客サービスが充実されないことや受発注の手作業による事務の煩雑化が発生しておりました。

　受発注システムの構築には、中堅・中小の小売業等に対するサービスの向上と顧客の獲得も命題になっていました。

（3）経営課題

　上記のような経営環境下において、次のような事項が主要経営課題となりました。

①**中小小売業への適切な商品・サービスの提供**

　大手小売業の下請けから脱却し、中小小売業に対して、中小小売業の顧客満足を得られる事業展開に向けての商品・サービスを提供できる包括的なサービスを提供していけるようにする。

　当社の事業の中心と据えて、新商品のリアルタイム情報提供や24時間受発注をおこなえる業務システムを構築する。

②業務の効率化

　中小小売業のニーズに応える低コスト化、高品質な商品・サービスの提供。ならびに、物流事業については、多品種小ロットの物流サービスを効率的な作業をおこなえ、高品質なサービスを提供できる効率的な業務システムを構築する。

③業務の見える化

　中小小売業に対し包括的なサービスをおこなうには社員の意識改革をおこない、新たな業務体質を構築し、各事業を連携するそれぞれのシステムにおいて「業務の見える化」を推進し、事業部間での情報交換をおこない、意思の疎通を取り易くする。

3 IT経営の概要

(1) 経営課題解決のためにとった具体的方策

　経営課題解決に向けて取組んだ内容は、次の通りです。

①Web受発注システム（BtoB　Webサービス）

　Web環境で、会員小売業は商品選択画面から発注したい商品を指定し、日配食品の定番発注、特売発注、かつ、当社の特徴であるお買い得品（激安商品）を瞬時に発注できるようにしました。当社の受発注処理は、即座に販売管理システムと連動し、受注処理が完了し、発注手配をおこなえるようにしました。

　このサービスを「Web会員制サービス『なび市-Net』と呼びます。

②物流管理システム（WMS：Warehouse Management System）

　物流センターの基本機能である入荷検品から出荷作業までのWMSシステムに加え、HHT（ハンディターミナル）でのロケーション補

充業務、棚卸し業務、及び、DPS（Digital Picking System）システムでの出荷業務を構築し、受発注システムと連携させ、WMSシステムと、HHTシステム、DPSシステムを連動したトータル物流システム（LOGISTREAM-G）をパッケージ化しました。

③配送管理システム

車載器のデータを配送実績とする実走行管理をおこない、Web上にシステムを展開し、本社、各物流センター、運送会社で配送実績の入力・確認が可能な独自のシステムを構築しました。

配送コストの削減／事務処理の簡略化をめざし、配送会社には配送品質の向上とコスト削減を可能としました。

④業務の見える化

取引先店舗（発注系）〜 商品部（なび市-Net）〜 物流（WMS）〜 本社（請求）のシステムを連動することにより事業所間の情報連携をはかれるようにしました。

また、囲い込みによる販売・仕入の強化、コスト削減のために得意先、仕入先との連携したIT（なび市-Net）を利用できるようにしました。

さらに、各システムを統合させ、得意先へのサポートの充実と拡充をはかれるようにしました。

なお、これら一連の業務が連携し、円滑に運用できるようにIDC（Internet Data Center）を活用して運用しています。

(2) IT経営取組みの経緯

IT経営取組みの背景には、「小売業・卸売業・メーカに関わる物流

全体システムのイメージ

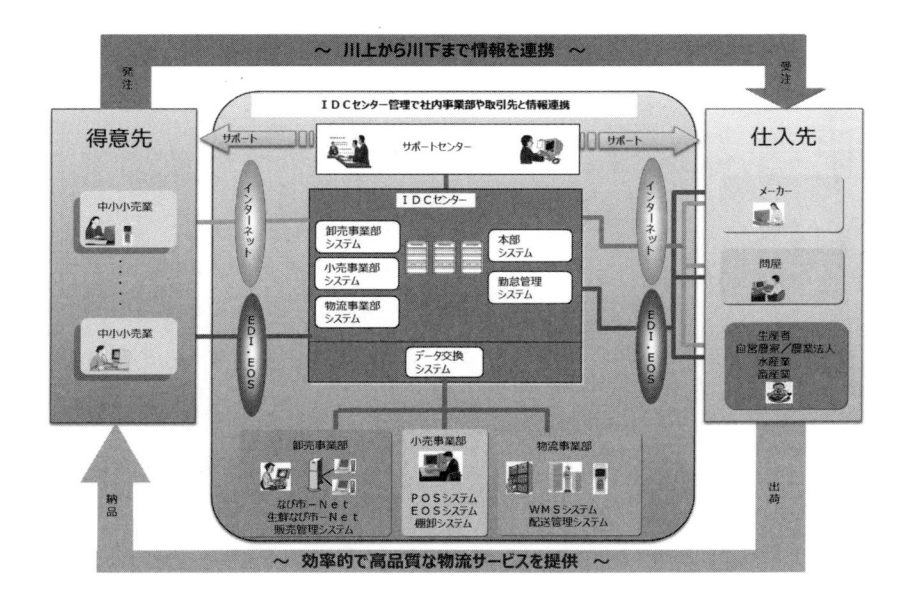

業務を抜本的に改革し、中小小売業がエンドユーザに満足してもらえる事業展開をしていきたい」という経営者の熱き思いがありました。

IT化については、設立当初から考えてきましたが、本格的にIT経営に取組んだのは、平成19年頃からでした。IT経営の推進は、経営者の方針に従い、経営企画室を事務局とする各事業部の幹部（事業部長・部長）から構成される社内プロジェクトと外部のITコンサルタントの二人三脚で推進してきました。

また、国に認められるという社会的認知度の向上と開発リスクを最小限に抑えることを目的に、国の助成制度（H20年度農林水産省「新技術活用ビジネスモデル実証・普及事業」、H20、H21年度「食品流通機能合理化・高度化支援事業」など）も活用しました。

IT経営に取組むきっかけ

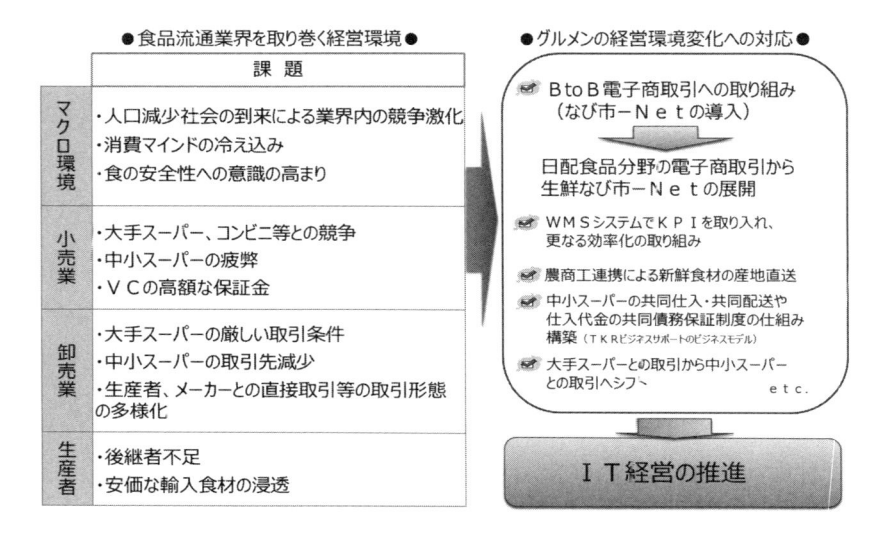

●食品流通業界を取り巻く経営環境●

	課題
マクロ環境	・人口減少社会の到来による業界内の競争激化 ・消費マインドの冷え込み ・食の安全性への意識の高まり
小売業	・大手スーパー、コンビニ等との競争 ・中小スーパーの疲弊 ・ＶＣの高額な保証金
卸売業	・大手スーパーの厳しい取引条件 ・中小スーパーの取引先減少 ・生産者、メーカーとの直接取引等の取引形態の多様化
生産者	・後継者不足 ・安価な輸入食材の浸透

●グルメンの経営環境変化への対応●

- BtoB電子商取引への取り組み（なび市－Ｎｅｔの導入）
  - 日配食品分野の電子商取引から生鮮なび市－Ｎｅｔの展開
- ＷＭＳシステムでＫＰＩを取り入れ、更なる効率化の取り組み
- 農商工連携による新鮮食材の産地直送
- 中小スーパーの共同仕入・共同配送や仕入代金の共同債務保証制度の仕組み構築（ＴＫＲビジネスサポートのビジネスモデル）
- 大手スーパーとの取引から中小スーパーとの取引へシフ〜　　etc.

↓

ＩＴ経営の推進

4 受賞後から現在に至る推移

　IT経営を充実したことにより、卸売事業、物流事業、食品小売事業のサービスを同時にかつ、低コストで提供できる日本で唯一の総合流通サービス業として、経営資源の乏しい中小売業を総合的にサポートしています。

　中小小売業に特化したITサービスを提供することで、極めて大きな市場を獲得できるとともに、中小小売業を活性化でき、今日の環境に適応するサービスが可能になりました。

　物流部門においては、これまで培ってきたノウハウと最新のITサービスを融合させ、低コストかつ柔軟な物流サービスを提供しています。卸部門においては、店舗の品揃えに貢献でき、更に、農商工連携事業（平成22年2月に認定を受けた）の認定をきっかけにして、なび市－

Netを生鮮にも発展させ、24時間農産物及び加工食品の直接取引がWebで可能になる高付加価値サービスの提供をおこなっています。小売部門においては、さまざまな新しいITツールの販売手法を試行し、実証例を得意先小売業へフィードバックでき、サービスが充実しています。

　さらに、ITと融合した温度管理による、生鮮品の乾燥技術を活用し、乾燥させた農水産物が素材の色・香・風味を残すことで、これまでの乾燥素材活用の幅を超え、さまざまな食品素材として活用できることを実現しています。

● 成 功 要 因 ●

① 当社の特長である卸売事業、物流事業、食品小売事業を総合的に展開しており、各々の事業においてのデータ連携が容易であったこと
② 各事業部に、IT責任者を配置し、現場主導型のIT構築に携わり、設計から導入まで参加できたこと
③ 経営者のIT導入に対する、マインドが高かったこと
④ ITコンサルティング及びITソリューション会社との連携がうまくできたこと

『中小企業IT経営力大賞2011』結果と表彰式典・表彰式

　全応募数240件のうち、審査委員会による厳正な審査により、経済産業大臣賞2件、日本商工会議所会頭賞2件、全国商工会連合会会長賞2件、全国中小企業団体中央会会長賞2件、独立行政法人情報処理推進機構理事長賞2件、特定非営利活動法人ITコーディネータ協会会長賞2件、商務情報政策局長賞1件、中小企業庁長官賞3件、審査委員会奨励賞2件が選ばれました。

　2011年2月24日『中小企業IT経営力大賞2011』記念式典・表彰式が東京商工会議所東商ホール（東京都千代田区）にておこなわれました。記念式典では、基調講演、経済産業大臣賞受賞2社の経営者によるパネルディスカッションがおこなわれ、表彰式では、中山義活経済産業大臣政務官（当時）のご挨拶のあと、共催機関を代表して岡村正日本商工会議所会頭のご挨拶、松島克守審査委員長（東京大学名誉教授）の講評があり、盛大に記念式典・表彰式が開催されました。

株式会社 メトロール

「中小企業 IT 経営力大賞 2012」経済産業大臣賞受賞

代表取締役社長
松橋 卓司

本社所在地　：東京都立川市
資本金　　　：4,000万円
従業員　　　：108人（パート・アルバイトを含む）
設　立　　　：昭和51年
業種・業務内容：精密機械器具製造業
ＵＲＬ　　　：http://www.metrol.co.jp
受賞対象のIT化の時期：平成20年

【受賞の評価ポイント】

　CNC工作機械や半導体製造装置などの産業機械に組み込まれる高精度の精密位置決めスイッチの専門メーカーで、実質世界でのオンリーワン企業です。

　世界60カ国以上の海外顧客向けにHPを構築し、直販で受注を受け付け、生産管理システムを駆使することにより少量多品種短納期で受注生産をおこない、決済はクレジットカード等による電子決済、原則円建て・前金での販売を実現しました。数千点の精密部品を組み合わせた数百種類の工業用スイッチを、標準在庫品があれば世界中どこへでも一週間以内に配送できる体制を構築しました。また、国内・海外拠点の従業員間等との情報共有は、社内ブログを活用することにより、スピーディな意思決定がおこなわれています。生産性の向上とグローバル化という、中小企業が抱える大きな経営課題にITを活用することで、多大な成果をあげている点が高く評価されました。

Summary

1 IT経営取組みによる成果

『中小企業IT経営力大賞』において経済産業大臣賞を受賞した際の応募内容にて、応募時点の成果を本格的なIT経営取組み時点との比較で示します。

(1) 定量的成果の内容
①売上・利益の増大
　　売上の成長：H22年の売上は、対H20年比で、116％の増加
　　（平成21年はリーマンショックの影響で赤字であったが、V字回復）。
- 当期利益で282％増
- 海外向け売上割合が38％から60％に増加
　直販比率が上昇（22％→38％）

②業務スピードのアップ
- 受注から出荷までのリードタイムを短縮。
　（受注生産品）：6週間→3週間　　（標準在庫品）：7日→3日
- 見積りから受注、納品までの一連の業務を数ヶ月→1週間程度
- 取締役会での月次決算結果の検討が決算後1ヶ月後から、翌月3日以内に短縮。
- 社内会議の所要時間が1時間から、15分程度に短縮

(2) 定性的成果の内容
- 最終ユーザーの機械メーカーエンジニアと社員との円滑な関係確立（世界各国12,000人以上の金属加工現場技術者とのネットワークの構築に奏功しました）

- 国境、部署を越えたスピーディーな経営判断、顧客対応が可能になり、ビジネスチャンスをタイムリーに活かせるようになりました。
- 技術情報（部品表）やオーダー別進捗情報が共有され、会議が無くなり、創造的な仕事に集中できるようになりました。

❷ 成果をもたらした経営環境の把握と経営課題の認識

（1）当社の特徴

　産業機械の自動化に不可欠な、高性能工業用スイッチの専門メーカーです。電気メーカーが多いセンサ業界において、悪環境に強く、精度の高い（繰返し精度0.5μm）『精密機械式スイッチ』を開発、競合会社は世界的に見ても、スイスに1社存在するのみで、実質世界でのオンリーワン企業です。

　工作機械業界においては、「CNC工作機械用 刃物プリセットスイッチ」として、世界17ヶ国、70社以上の工作機械メーカーに採用され、10年間で延べ30万台以上の実績が有り、世界の60ヶ国以上と取引をしている世界トップクラスのシェアをもつ会社です。

（2）経営環境

①外部環境

　H20年当時、民生品の生産が中国大陸に移るなか、大口の設備投資の需要は新興国にシフトしつつあり、グローバル化が進展していました。
　国内の設備投資需要には陰りが出始めていました。
　一方、同年の国内設備投資は、サブプライムに引き続くリーマンショックによる世界的な経済危機の影響から大きく落ち込むことにな

りました。

②内部の状況

当社製品は国内機械メーカーの一部品として世界各国で使われており、そのメンテ対応に加えて新規受注も増え始めていました。

海外の取引先が増える中、縦系列での情報伝達では対応スピードが遅く、海外引合の失注などビジネスチャンスを逃すこともあり、国境や部門を越えたスピーディな経営判断が求められていました。

また、H20年度は、為替差損を計上しなければならないという問題も出ました。

中国語のHPがなく、中国企業からの引き合いに対応が速やかにできないという問題もありました。

顧客管理面で、顧客情報管理のデータベースが整備されてなく、展示会で集客した顧客データを有効に活用できておりませんでした。

生産管理の面で、従来のアナログ管理では、短納期・少量多品種の受注生産体制には限界が出てきており、納期遅れ・欠品・生産コスト上昇による利益率低下等に対して、経営層から一般社員に至るまで危機感を持つようになってきました（なお、リーマンショックによる影響は、IT経営検討時にはさほど出ませんでしたが、翌年（平成21年度）に大きく出ました）。

（3）経営課題

上記のような経営環境下において、次のような事項が主要経営課題となりました。

- 短納期対応できるスピーディな業務処理の実現：引合・見積り、受注から納品・回収まで、さらに会計システムとの連動もさせた、

可視化できるトータルシステムの整備
- 海外顧客へのダイレクト販売による市場開拓・販路拡大の強化（多言語対応など販売サイト「toolsensor.com」の拡充）
- 業務報告をリアルタイムで情報共有できる仕組み作り
- 海外顧客とのコミュニケーションの強化
- 上記課題解決により、利益率の向上、顧客要請に的確に応えての売上の増大をはかる

3 IT経営の概要

（1）経営課題解決のためにとった具体的方策
経営課題解決に向けて取組んだ内容は、次の通りです。
①生産管理システムの構築
　設計、営業、製造で品目マスタ・部品構成表を共有し、今までバラバラであった受注から部品発注・生産・出荷までの各管理を統合し標準化をはかり、受注から生産・納品、および回収までの一貫した生産管理システムを再構築しました。同時に、会計システムとも連携させました（機能関連の図参照）。
②ホームページの充実
　H10年に海外のユーザー向けに、海外ダイレクト販売サイト「toolsensor.com」を立ち上げていました。この「toolsensor.com」を、ユーザーが、インターネットで製品を検索する際、「toolsetter」や「製品型番」などのキーワードを入力すると、「toolsensor.com」が表示される仕組みにし、アクセスを容易にしました（4か国対応）。
　また、クレジットカード、PayPalによるダイレクト電子決済でき

機能関連図

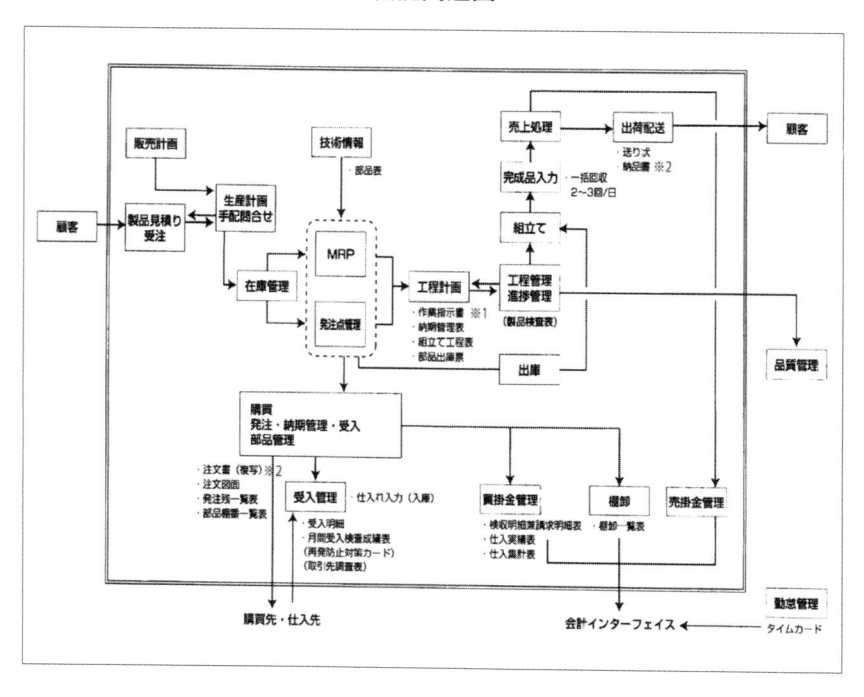

る仕組みと、国際宅急便を組み合わせ、顧客が従来より安く購入できるようにしました。同時に、上記の生産管理システムと連携させ、標準在庫品であれば世界中どこへでも、7日以内、ドアtoドアで届けられる、独自の流通体制を構築しました。

③ 社内ブログの整備

　国内・海外拠点の社員間等との情報共有をはかるために、世界中インターネット環境下であれば、写真や文字情報を瞬時に情報を発信・共有できる、社内ブログの仕組みを作りました。

　毎日の業務報告、顧客エンジニアのニーズ、クレームなど現場情報をブログにアップすることで、開発・製造・品証・営業の社員全員が、

部門を超えて共通のベクトルで仕事や会議を進めていくことができるようにしました。

なお、社内では、原則社内メールでのコミュニケーションは禁止、顔を付き合わせた打ち合わせを奨励しています。

④ SNSの活用

当社のスイッチを使っている世界の生産現場の人達とのコミュニケーションの場としてfacebookを活用、金属加工現場の人たちとのネットワークの構築を企図しました。

(2) IT経営取組みの経緯

H20年にIT経営に本格的に取り組んだ経緯は、以前に生産管理システム導入に失敗したことが一つの原因にありました。「ITベンダの提案に従い導入したが、思うように稼働しなかった」等の問題を中小企業診断士／ITコーディネータに相談したところ、「ITベンダの選定に問題もあったかと思うが、自社のシステム化要件を明確に示さなかったことも原因では」と指摘され、「今後のありたいビジネスモデルの確認に始まり、そのための情報システムに求められる要件を明確にし、その実現に応えられるITベンダを選定し、取組むべき」という助言を得ました。

そこで、そのようなアプローチで支援してもらえる中小企業診断士／ITコーディネータを紹介してもらい、IT経営推進の基本的なセオリーに則り、着実に推進しました。

プロジェクトリーダーに専務を指名し、各部署のマネージャをメンバーとし、経営者を交えての「ありたい姿」についての確認から始めました。

具体的な進め方、スケジュールは下図のとおりです。

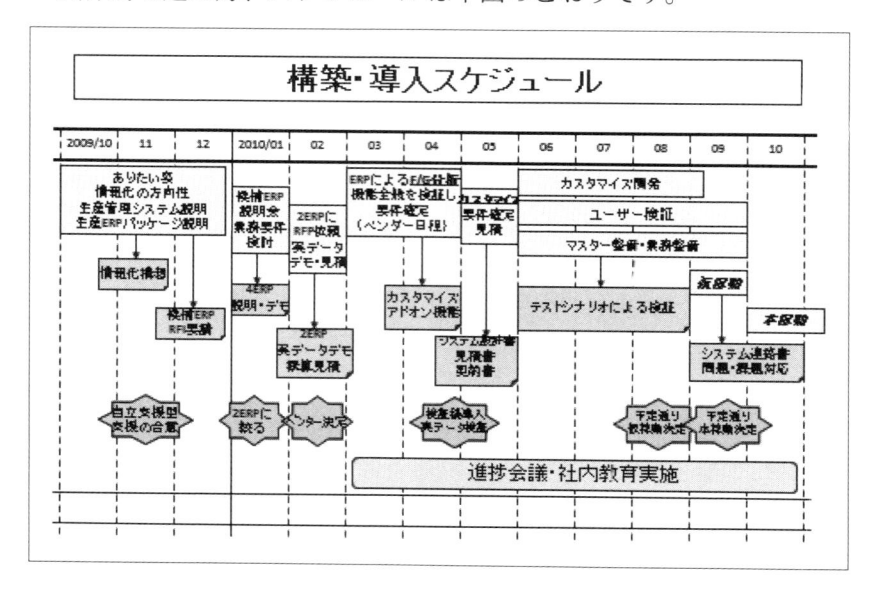

4 受賞後から現在に至る推移

受賞後も業績は順調に推移し、当期利益で平成24年度／平成22年度比約170％増になりました。IT経営が実現できていた故、市場の多品種少量・短納期の強い要請に応え、かつ在庫はより圧縮できたことなどがその理由です。

その後の際立ったIT化は、テレビ会議の導入です。海外販売強化にむけての拠点である中国、インド、台湾と日本の本社・工場を結び、リアルタイムで円滑な情報交換・情報共有・経営判断ができるようになりました。

今後は、これら海外拠点も含めた一貫したシステムづくりをしていきたいと考えております。

● 成 功 要 因 ●

① 発生課題に対する即決・即断など、経営者のリーダーシップと全員参加（自立指向のIT化）でベンダ依存から脱却
② ITコーディネータプロセスガイドラインに準拠したセオリー通りのIT化手順と役割の完全遂行（三位一体体制の実現）
③ 業務に適合したERPパッケージの選定と業務改革の実現（技術情報共有・実データの活用）

『中小企業IT経営力大賞2012』結果

　全応募数180件のうち、審査委員会による厳正な審査により、経済産業大臣賞3件、日本商工会議所会頭賞2件、全国商工会連合会会長賞2件、全国中小企業団体中央会会長賞2件、独立行政法人情報処理推進機構理事長賞2件、特定非営利活動法人ITコーディネータ協会会長賞2件、商務情報政策局長賞3件、中小企業庁長官賞1件、審査委員会奨励賞6件が選ばれました。

株式会社 小林製作所

「中小企業IT経営力大賞2012」経済産業大臣賞受賞

代表取締役社長
小 林　靖 典

本社所在地　　：石川県白山市
資本金　　　　：1,000万円
従業員　　　　：75人（パート・アルバイトを含む）
設　立　　　　：昭和22年（創業：大正8年）
業種・業務内容：生産用機械器具製造業
Ｕ Ｒ Ｌ　　　：http://www.kobayashi-mfg.co.jp/
受賞対象のIT化の時期：平成20年

【受賞の評価ポイント】

　生産管理システムを軸に、EDI受注から関連図面情報の検索と生産計画指示、進捗管理、原価管理等の情報流通を自動化することにより、効率的な業務が実現できています。さらに、従業員全員の作業状況をWebカメラで記録することにより、ワークフローを客観的に実態把握し共有し、品質改善、技術の継承、スキルアップ等のために活かし、従業員全員参加型のIT経営を実現しています。

　生産状況がデータ一元管理されていることにより、顧客からの問い合わせやクレームに対する迅速な対応が担当以外でも可能であり、また見積システムによる見積要求対応を迅速化させ、顧客の満足や信頼を高めています。

　こうした総合的なIT利活用により、業績にも大きな貢献をしている点が高く評価されました。

1 IT経営取組みによる成果

『中小企業IT経営力大賞』において経済産業大臣賞を受賞した際の応募内容にて、応募時点の成果を本格的なIT経営取組み時点との比較で示します。

(1) 定量的成果の内容
①売上・利益の増大
　利益率の改善：H20年－5.8％からH22年は8.2％へ改善
　売上の成長　：H22年の売上は、対H20年比で約4％増
　　　　　　　　　（H21年に対しては、約86％増）、
　　　　　　　　　（内新規取引額が、全体売り上げの約32％）
　取引先50％増：（H20年の取引先23社からH22年は38社へ）
②生産プロセス関係
　不良率　　　：H20年0.05％からH22年0.02％
　納期達成率　：H20年99％からH22年100％
　社員の定着率：離職者数H20年度10名（定年含む）H22年度0名
　作業改善による一人当たりの年間売上向上：
　　　　　　　　（H20年　883万円/人⇒H20年　1,086万円/人）

(2) 定性的成果の内容
- カメラを活用した生産管理システムにより「こんな品質管理は見たことがない、是非取引したい」と新規顧客からも高い関心を得、既存顧客からの受注拡大、新規顧客獲得が容易にできるようになりました。

- 不良発生時、パソコン画面でその時の作業現場をカメラで撮った画像を見て、なぜ不良が発生したかがわかるので、不良の根本原因を把握できるようになりました。
- 正しく社員の仕事を把握できるので、頑張っている社員のやる気・元気・志気が向上しました。
- いつでも情報共有できるようになり、管理者と作業者間のコミュニケーションも円滑になり、工場全体のモチベーションが高くなりました。

2 成果をもたらした経営環境の把握と経営課題の認識

(1) 当社の特徴

　機械産業(半導体製造装置や工作機械向け)の外装カバーなどを、およそ半分が新規品・超多品種(毎月6万アイテム、1日当たり多い時で2,000アイテム)・極小量(1個2個)・超短納期(1日～2週間)で、納期達成率100％を、独自のシステム"Sopak"などのITを活用し、製造しています。

　「和気・活気・元気」をポリシーとして生き生きとした、誇りを持ったプロ集団として、超多品種・極小量・超短納期を売りに、顧客からの信頼を勝ち取り健全な経営をおこなっている会社です。

(2) 経営環境
①外部環境

　平成20年8月までは、顧客の状況は好調で、多くの引き合いもありました。しかし、その要求水準は厳しく、「多品種・1個もの・

短納期（1W～2W）厳守」という仕様を中国並みの安い価格で要求され、かつ競合他社もデジタル化された高性能機械の活用により、品質面での差別化が難しくなる状況がありました。

　これら課題に対応すべく取り組もうとしていた矢先に、平成20年年9月にリーマンショックがおこり、業界の仕事は一気に20％までに落ち込み、客先からのコストダウン要求は更に熾烈さを増しました。

　加えてステンレスや鉄などの材料費はうなぎのぼりに高騰しました。

②内部の状況

　売上、利益ともに、平成19年度までは順調に成長軌道にありましたが、リーマンショック以降の9月から受注は一気に冷え込み、11月以降から売上も落込み、利益もマイナスになりました。

　顧客から納期・コストに対する要請が厳しくなる中、事務は、図面も製品も進捗も分からず、お客様に即答できませんでした。また工場でも新人は図面と品物を理解できず不良発生につながることもありました。

　労務管理面においても、従業員から適正な評価がされないという不満もあり、管理者と作業者の間に不信感が募り、人間関係がギスギスしていました。

（3）経営課題

　上記のような経営環境下において、次のような事項が主要経営課題となりました。

①受注の確保（現状顧客の維持と新規顧客の開拓）

　顧客からの問合せに対して、納期・価格等に関する情報をタイミングよく返答し、一つひとつの受注機会を着実に受注できるようにする。

当社の強みを、特に新規顧客に明確に見えるようにし、受注促進につなげる。

② コストダウン

物件ごとの採算状況を、受注時に即座に掴め、客先の値引き要求にも速やかに対応できるようにする。また、生産工程における無駄が発生しないように監視システムを強化し、適宜適切な対応をとれるようにする。

③ 生産状況の見える化

生産進捗情報など現場でのあらゆる情報を関係者は、いつでも、どこででも見えるようにする。

3 IT経営の概要

（1）経営課題解決のためにとった具体的方策

経営課題解決に向けて取組んだ内容は、次の通りです。

① 生産進捗管理システム：Sopak-Kの構築

受注から生産計画・生産・出荷・納品に至る全工程の進捗を事務所はもとより工場でもみれるようにしました。

受注情報はEDIで8割、残りは伝票から入力です。受注情報から過去の履歴情報を取り出し、単価、工程、不良状況、価格、図面情報など必要な情報は全て、受注時に自動入力されます。受注伝票がバーコード付きでプリントアウトされ、全工程の進捗をネットワークされた60台のパソコンで入力し、共有できるようにしました（生産進捗管理システム：Sopakの図参照）。

また、生産管理システム"Sopak-K"で客先の物件を選択し、集計ボ

生産進捗管理システム：Sopak

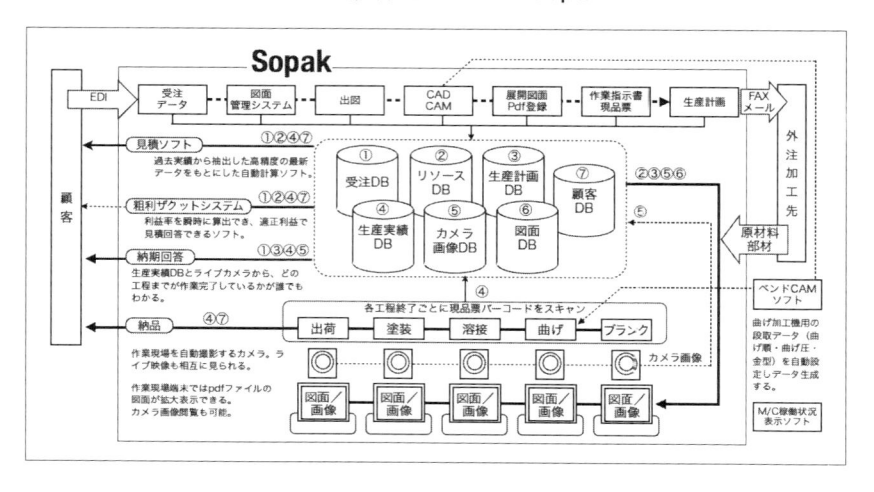

タンをクリックすると、掛かった経費（人件費・材料費・外注費・粗利）が数分間で集計できる「『粗利ザクッと』システム」も構築しました。

②全工程のリアル監視システム："Sopak-C"の構築

　Webカメラ90台にて、全工程の社員全員の作業を記録し続け、今何をしているか、リアルタイムにわかるだけではなく、"Sopak-K"の生産進捗管理システムとカメラのデータをリンクし、見たい製品を作った時の、履歴工程をクリックするだけで、その時の、その作業現場を、まるでタイムマシンで見るようにコマ送りの連続写真で表示できるようにしました。社外から、携帯電話でも現場の状況を把握できるようにしました。

③図面管理システムの整備

　図番をクリックすれば、図面や展開図面等が表示され、誰でも製品

イメージを分かるようにし、客先からの問合せには、生産進捗管理システムによる進捗情報とリンクさせ、誰でも、どこにいても対応可能としました。

④見積もりソフト等の整備

"Sopak-K"、"Sopak-C"、『粗利ザクッと』システム、図面管理システム等を複合させて、顧客要請に正確かつ迅速に見積もりをできるようにしました。

(2) IT経営取組みの経緯

IT化への取組みは、現社長が入社され、PCが登場した昭和55年ごろに始まります。

伝票発行システムに始まり、進捗管理ステム等の生産管理システムを充実させてきました。その間、進捗状況の入力など現場の抵抗もかなりありましたが、顧客要請への迅速な対応による顧客からの評価や頑張っている社員は正しく評価されるなどといった成果が見えるようになり、徐々にIT経営に対しての取組に協力するようになってきました。

顧客からのEDIの要請、3DでのCAD/CAM、急速に進展するIT環境など、お客様に「日本一の板金塗装企業だ」と認識してもらえるような対応に向けて、IT経営を推進していきました。

平成20年後半のリーマンショックによる大幅な業績ダウンに直面し、改めて、経営課題を再認識し、いかに顧客要請に応え現状顧客からの受注を確保するか、新規顧客獲得に向けて、どのような強みを、どのように見えるようにしていけばよいのかなど、経営幹部はもとより、現場の社員のアイデアも取り込み、全社一丸となって課題解決に取組みました。

それまで検討してきた実績があり、社長自身がIT経営に精通していることから、前述のようなIT化を短時間で容易に実現することができました。

4 受賞後から現在に至る推移

　日々、生産性と品質の向上という課題は尽きることはありません。受賞できたことを励みに、更にシステムの改善を続けています。

　主な取組み内容は、次の通りです。

■作業の各工程の負荷状況を速やかに把握できる「工程負荷グラフ」
　システムを構築し、運用準備中です。
■緊急出荷品の情報一覧など含めた最新情報を、作業者全員で共有で

きるようにした大型の「デジタル掲示板」システムを構築しました。
■大型組立製品の図面の細部も見えるようにし、込み入った図面も拡大して誤読を排除できるようにした「大画面の図面表示システム」を構築しました。
■その他、「カメラ画像を作業標準に活用」、またカメラ画像を「作業によって異なる作業方法の違いを示せる」などシステム有効活用をはかっています。現在、溶接工程の業務承継を円滑におこなえるようする「溶接工程のデジタル化」を進めています。

● 成 功 要 因 ●

① 生産管理、カメラシステム、CAD・CAMシステムの一元化で必要情報の共有・確認ができたこと
② 「監視される」ではなく、「見られることの喜び」につながる全社一丸でのカメラ活用意識の企業風土がつくられたこと
③ 現場の声を不満・文句ではなく、「改善のネタ」ととらえてシステム改善する仕組みが設けられたこと

『中小企業IT経営力大賞2012』 記念式典・表彰式

　2012年2月24日『中小企業IT経営力大賞2012』記念式典・表彰式がイイノホール＆カンファレンスセンター（東京都千代田区）にておこなわれました。

　記念式典では、基調講演、経済産業大臣賞受賞3社の経営者によるパネルディスカッションがおこなわれ、表彰式では、中根康浩経済産業大臣政務官（当時）のご挨拶のあと、共催機関を代表して岡村正日本商工会議所会頭のご挨拶、松島克守審査委員長（東京大学名誉教授）の講評があり、盛大に記念式典・表彰式が開催されました。

株式会社 モトックス

「中小企業IT経営力大賞2012」経済産業大臣賞受賞

取締役副社長
寺西 太亮

本社所在地	：大阪府東大阪市
資本金	：3,000万円
従業員	：125人（パート・アルバイトを含む）
設　立	：大正4年
業種・業務内容	：種類専門商社（輸入ワイン・全国地方銘酒・泡盛）
URL	：http://www.mottox.co.jp/
受賞対象のIT化の時期：平成24年	

【受賞の評価ポイント】

　酒類専門商社であり、国内流通量第5位、独立系では第1位の中小企業ワインインポーターである。世界15カ国・約350のワイナリーから年間2,000品目超のワインを輸入販売しています。

　H12年ころからIT経営への取組みを本格化し、短期、中長期IT導入計画に基づいて着実にIT化を進めています。スマートフォンとAR（拡張現実）という新技術を活用し、ワインのラベルやリスト上のブドウをかたどったARマーカー（ブドウマーク）に端末をかざすだけで、ワインやワイナリーの情報を画像や動画で提供できる「Wine-link」を運用して飲食店等に無償で提供するなど、最新のテクノロジーを駆使し、ワイナリー、小売・飲食店、消費者をつなぐBtoB、BtoCの新サービスを確立しました。単に自社の事業拡大に留まらず、ワイン市場全体の活性化も視野に入れたマーケティング戦略を実践していることなども高く評価されました。

Summary

1 IT経営取組みによる成果

『中小企業IT経営力大賞』において経済産業大臣賞を受賞した際の応募内容にて、応募時点の成果を本格的なIT経営取組み時点との比較で示します。

(1) 定量的成果の内容
①売上の増大と取扱商品の拡大
売上の増大：H22年のワイン売上は、対H17年比で53％増。
　　　　　　H22年の従業員1人当たりのワイン売上高は、対H18年比で17％増。
　　　　　　リーマンショックによるNB（ナショナルブランド）動向の低迷を察知して、素早くPB（プライベートブランド）販売強化に取り組み、H22年のPBでの売り上げは、対H19年比で22％増。

②Web受注システムの成果とスマートフォンアプリ導入の成果
Web受注システム（VINOFORET）では、受注ポイント制を導入したH18年からH23年で受注店数が76％増。

スマートフォンアプリ「Wine-Link」導入による成果として、加盟店数ならびにユーザー数、閲覧数の大幅拡大があり、ワイン売上増加に大きく寄与しています。

(2) 定性的成果の内容
労働集約的で人海戦術をとっていた発注作業にシステム導入することで、従業員の大幅な作業負担軽減ができ、その分を営業サポートに

注力するなど、従業員の人材活用につなげていくことができました。

営業サポートに関しては、H17年の15人からH22年は26人へと増員にもなっています（注：事業拡大による従業員の増加もされています）。

また、スマートフォンアプリ「Wine-Link」を利用するユーザーの増加により、ワイン市場拡大に向けたワインへの関心の高まりがみられるようになってきています。

2 成果をもたらした経営環境の把握と経営課題の認識

(1) 当社の特徴

当社は、「個人の成長」によって「会社の発展」「社会に貢献」につなげるという明確でシンプルな経営理念を掲げており、ワインインポーターとしてその経営理念を実現するため「変革志向」「顧客志向」「品質志向」をモットーに社員一丸となって行動している会社です。

そのなかで打ち出した基本的なマーケティング理念が「対話型のマーケティング情報システムを確立し、実践的なマーケティング戦略を立案・実行」するというもので、この理念を軸に打ち出した各戦略・戦術と、それを支える強固な組織力が当社の強みであり、優位性となり、独立系インポーターでは、国内第1位の輸入ワイン販売実績をあげている会社です。

(2) 経営環境
①外部環境

酒類総市場は1996年から減少し、2004年との比較で2010年は4

兆円から３兆６千億円へと減少してきていました。背景には、ビール系飲料や清酒の低迷、健康志向、若年層のアルコール離れ、景気の低迷による需要低下があげられます。

一方で、酒類販売業免許の規制緩和によって、販売競争が激化、さらに小売を一括展開する大手卸の台頭や大手企業の参入も競争をさらに激化させてきました。

また、ワインに関しては、外食シーンでのワイン需要増加、スーパーや酒類量販店での低価格で良品質なワインの取扱増加ということはありましたが、多彩なワインの択一が困難であることや、他の酒類に比べて消費者とワインの接点が少ないという状況で、日本におけるワイン文化が根付いていないことを感じていました。

②内部の状況

従来、当社の業務は、個々人の能力に依存しがちで、情報の共有や、担当横断的な企画立案力に乏しかった。このことが得意先へのサービス向上、同業他社との差別化につながらない大きな要因となっていました。

(3) 経営課題

上記のような経営環境下において、次のような事項が主要経営課題となりました。

1. 売上高の増大
2. 強い製品・サービスの提供
3. 人材育成と技術力・競争力の創出

3 IT経営の概要

（1）経営課題解決のためにとった具体的方策

経営課題解決に向けて取組んだ内容は、次の通りです。

① 売上高の増大

単にワインの売り上げを伸ばすという意識ではなく、日本の食卓にワインの文化をもっと広げていきたいということが前提にありました。そのためには、消費者にワインをもっと知ってもらわなければならなかったことから、ワイン市場の分析、ニーズの分析、現状把握など、データマイニングをしっかりとして、方策を検討しました。

若者のアルコール離れへの対応、ワイン文化を根付かせていきたいということへの方策を考えたときに、若年層を中心としながら急速に普及してきているスマートフォンに注目し、スマートフォンからワインに関する情報をAR（拡張現実）技術を使って取得できるアプリケーション「Wine-Link」を活用し、消費者としての若者だけではなく、生産者、小売店・飲食店、消費者を結ぶ仕組みをつくりました。

この仕組みは、サプライチェーンにおいてWin-Winの関係を築くことになり、当社の優位性を高めて業績向上への寄与が高い差別化戦略となりました。

「Wine-Link」も含めて、当社は、得意先の取扱商品情報の収集、精査、そして商品データベース化、Web受注システム導入など、ワイン輸入業界における先駆けの取組みを展開してきたことから、強い製品サービスを提供することができ、このことも業績向上の大きな要因となりました。

「小売店・飲食店」から「消費者と生産者の出会い」を

生産者
・商品紹介
・生産者のメッセージ
・歴史・土壌・ブドウの特長 等

小売店／飲食店
出会いの創出

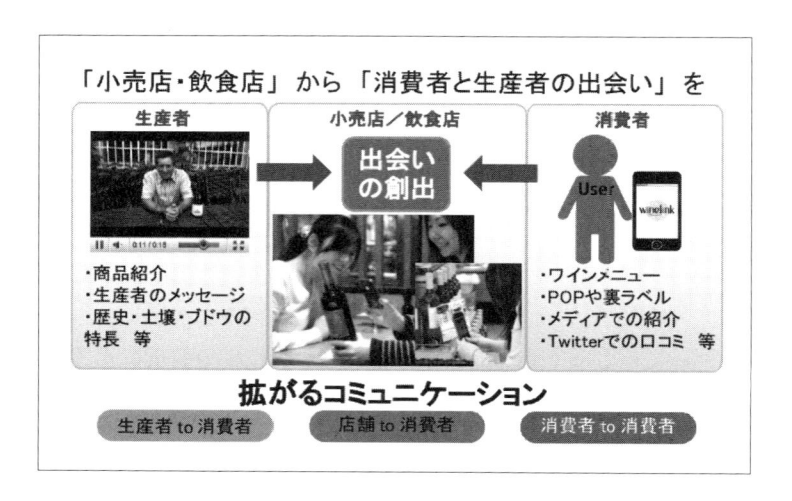

消費者
・ワインメニュー
・POPや裏ラベル
・メディアでの紹介
・Twitterでの口コミ 等

拡がるコミュニケーション
生産者 to 消費者　店舗 to 消費者　消費者 to 消費者

②人材育成と技術力・競争力の創出

　受注基幹システム「MASSIVE」とWEB受注システム「VINOFORET」の導入で、受注処理の簡略化、在庫・売上管理の効率化を進めるとともに、得意先からの情報収集の過程で得たニーズ情報を得意先との間で共有し、さらに仕入れにおいて収集した商品、生産者、物流などの情報もそれぞれと共有することによってサプライチェーン全体のナレッジ共有ができるようになりました。

　この取組みによって、従業員個々の情報収集能力が向上し、営業スキルの向上という効果があらわれました。さらに、そうした効果は、従業員の生産性向上という目に見える形になって示されることにより、従業員のモチベーション向上にもつながりました。

（2）IT経営取組みの経緯

　2000年から第1次IT導入として、それまで人海戦術で対応していた発注に関して、「輸入システム」を構築し、効率化をはかることか

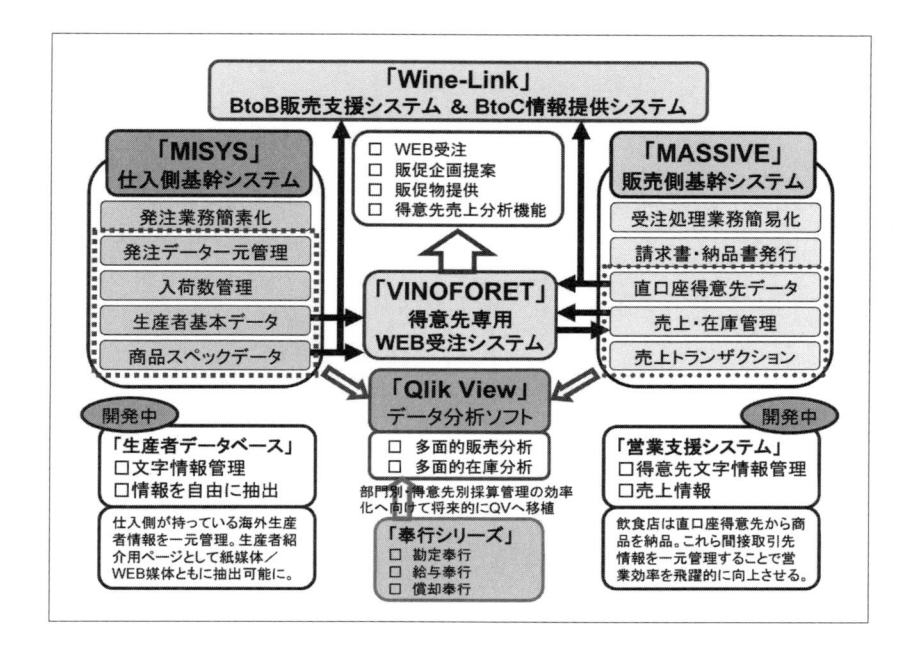

```
┌─────────────────────────────────────────────────────────────┐
│                    「Wine-Link」                              │
│          BtoB販売支援システム ＆ BtoC情報提供システム            │
│                                                             │
│ ┌──「MISYS」──┐    □ WEB受注          ┌──「MASSIVE」──┐      │
│ │  仕入側基幹システム│   □ 販促企画提案      │  販売側基幹システム  │      │
│ │              │    □ 販促物提供       │              │      │
│ ├──────────────┤    □ 得意先売上分析機能 ├──────────────┤      │
│ │ 発注業務簡素化 │                     │受注処理業務簡易化│      │
│ ├──────────────┤   ┌──────────┐      ├──────────────┤      │
│ │発注データ一元管理│   │「VINOFORET」│     │請求書・納品書発行│      │
│ ├──────────────┤   │ 得意先専用 │      ├──────────────┤      │
│ │  入荷数管理   │←→│ WEB受注システム│←→│直口座得意先データ│      │
│ ├──────────────┤   └──────────┘      ├──────────────┤      │
│ │ 生産者基本データ│                     │  売上・在庫管理  │      │
│ ├──────────────┤                     ├──────────────┤      │
│ │ 商品スペックデータ│                   │ 売上トランザクション│     │
│ └──────────────┘                     └──────────────┘      │
│                    ┌──「Qlik View」──┐                     │
│  開発中             │  データ分析ソフト  │           開発中    │
│ ┌─────────────┐   ├───────────────┤   ┌─────────────┐     │
│ │「生産者データベース」│  □ 多面的販売分析  │   │「営業支援システム」│    │
│ │□文字情報管理   │   □ 多面的在庫分析   │  │□得意先文字情報管理│    │
│ │□情報を自由に抽出│  部門別・得意先別採算管理の効率│□売上情報    │    │
│ └─────────────┘   化へ向けて将来的にQVへ移植│└─────────────┘     │
│                   ┌──「奉行シリーズ」──┐                     │
│ 仕入側が持っている海外生産│ □ 勘定奉行 │     飲食店は直口座得意先から商    │
│ 者情報を一元管理。生産者紹│ □ 給与奉行 │     品を納品。これら間接取引先    │
│ 介用ページとして紙媒体／  │ □ 償却奉行 │     情報を一元管理することで営    │
│ WEB媒体ともに抽出可能に。└──────────┘     業効率を飛躍的に向上させる。   │
└─────────────────────────────────────────────────────────────┘
```

ら始まり、2003年から、第2次IT導入として受注処理の簡略化、在庫・売上管理の効率化をめざす「MASSIVE」を開発しました。これによって仕入れ側、営業側の基幹システムが完了し、データベースの構築が可能となりました。このデータベースを活用して、Web受注システム「VINOFORET」をリリースするとともに、得意先毎の販売状況などを全社員が抽出・分析できるようになり、営業戦略にも効果を発揮するようになりました。

2008年からの第3次IT導入では、商品情報管理の充実と、発注業務の短縮をはかるため、「輸入システム」を進化させ、「MISYS」を開発し、さらなる効率化を実現してきました。

そして、データベースをより戦略的に活用するために、多面的な販売分析や在庫分析ができる「Qlik View」を導入し、Web受注に関し

ても、販売支援機能、個別見積機能を追加して販売促進企画力が向上しました。

さらに2010年に手がけた、B to B販売支援システムでありB to C情報提供システムであるスマートフォンアプリ「Wine-Link」の導入は、小売業者と消費者にインパクトを与えて販売促進につながり、業績の向上に大きく貢献することになりました。

4 受賞後から現在に至る推移

「Wine-Link」の利用拡大により、B to B、B to Cともに成果をあげてきており、第4次IT導入期（2010－2011）から継続して生産者のアナログ情報のデータベース化と営業アプリの開発を展開してきています。

B to B販売支援と、B to C情報提供を両立させたシステムでワイン市場の活性化を目指して事業に取組んでいます。

● 成 功 要 因 ●

① 消費者の情報受信スタイルの変化に注目して、商品情報価値の向上につながるアプリ開発と導入
② 経営理念に基づいた明確な目標実現に向けた計画的IT化の推進
③ サプライチェーンにおける情報共有によるWin-Win関係構築の成功

株式会社 ハッピー

「中小企業IT経営力大賞2013」経済産業大臣賞受賞

代表取締役社長
橋本 英夫

本社所在地 ：京都府宇治市
資本金 ：5,350万円
従業員 ：28人（パート・アルバイトを含む）
設　立 ：平成14年
業種・業務内容：サービス業
　　　　　　　（ケアメンテサービス（衣服再現））
ＵＲＬ ：http://www.kyoto-happy.co.jp/
受賞対象のIT化の時期：平成21年

【受賞の評価ポイント】

　将来のクリーニング業界の市場規模を見据え、従来型の取次営業店舗約50店舗を地域に展開するビジネスモデルを脱却し、顧客から依頼された衣料等を1点ごとに最適な処置を実施して「衣服の再現」を目指したファッションの「ケアメンテサービス」業に転換。営業所や取次店を持たずにインターネットや宅配便を活用した無店舗型営業システムにより、全国の顧客にサービスを提供しています。加えて百貨店等との連携により、顧客接点の拡充をはかっています。

　衣類を患者に見立て、各工程を自社開発の電子カルテシステムで管理し、統合的なデータ活用により、顧客と意思疎通をはかりながらニーズに対応する新しい事業モデルを開発しました。

　高い技術に裏付けられたビジネスモデルを統合的な経営システムで実践し、安定した業績を継続している点が高く評価されました。

Summary

◼︎ IT経営取組みによる成果

『中小企業IT経営力大賞』において経済産業大臣賞を受賞した際の応募内容にて、応募時点の成果を本格的なIT経営取組み時点との比較で示します。

（1）定量的成果の内容
①利益の増大
　　経常利益額　　　：H23年の経常利益は、対H21年比で4.1倍増
　　売上高経常利益率：H23年売上高経常利益率は、対H21年比で
　　　　　　　　　　　4倍増
②商品・サービスの付加価値の向上
　　平均単価　：30.84％増
　　客単価　　：117.84％増
③経営管理の効率化
　　正社員一人あたりの売上高：122％増
　　製造原価　　：11.80％削減
　　広告宣伝費　：86.43％削減

（2）定性的成果の内容
- 多様化している顧客の嗜好、高品質で多種多様な衣料品に対応したサービスが提供できるようになり、顧客満足度が向上しました（その結果当社独自の価格設定が可能になりました）。
- 広告訴求に無駄がなくなりました。
- 工程が異なる個別サービスを同じ生産ラインから工業的に供給可

能になりました。
- リーマンショックの影響での景気の冷え込み、株価低迷等により、当社のプレミアム層の顧客の購買意欲が減退したと推定できます。さらに東日本大震災による市場の低迷という状態が続きましたが、「充実したケアメンテシステム」にて、これら問題を乗り切れました。

❷ 成果をもたらした経営環境の把握と経営課題の認識

（1）当社の特徴

　「無重バランス洗浄方法」（特許）等の技術を裏付けに、従来のクリーニングでは難しいとされた劣化して酸化したシミ汚れ・黄ばみを、繊維素材の風合いや色合いを保ちながら除去する技術や、独自開発のプレスツールによる仕上げ技術など、衣服を「再現」するという世界初の技術を強みとしています。

　この強みに加え、個の顧客情報に基づく「電子カルテシステム」により、全業務の仕組みを一元管理し、顧客満足を最大限に高め、高価格で高付加価値サービスを実現し、持続可能な高収益構造を確立しています。

　京都府宇治市に本社を置き、営業所や取次店を持たずにインターネットや宅配便を活用した無店舗型営業システムにより、全国の顧客に当社固有のファッションの「ケアメンテサービス」を提供しています。

（2）経営環境

①外部環境

　クリーニング業界市場は大幅に縮小してきています。理由の一つは、低価格なファストファッションの流行などかと思います。また、商品の紛失、「シミ汚れが落ちていない」といようなクレームも多く発生しています。この原因は、短納期サービスと低価格とによる競争激化により、管理がおろそかになりがちになっているためかと思います。

　顧客は、こだわりのある高級衣料品や、愛着や思い入れのある衣料品について、長く着用できるように高品質なメンテナンスを求めているだけでなく、その仕上がりにも「こだわり」をもっています。そのため、顧客の感性に合わせて多様なサービスを工業的（均質で効率的）に提供する必要がありました。

②内部の状況

　労働集約型の産業で、個々の暗黙知で運営されてマネジメントの意識が欠けており、バックオフィスにおける同期化・生産調整・検品品質などは非効率でした。また、フロントオフィスの営業のカウンセリングについても、業務のトレース（履歴）がなく、情報の共有もされないことから、販売における機会損失を作り続けていました。お客とのトラブルも、トレースのないことから感情的な問題に発展していました。

　このような問題に加え、社員の離職率が高かったことなども挙げられます。また、IT関連要員に、電子カルテと全作業の業務工程との関係の重要性が理解されずに、システム開発に多大な時間を費やしていました。

(3) 経営課題

上記のような経営環境下において、次のような事項が主要経営課題となりました。

①商品・サービスの付加価値の向上

独自の商品開発・サービス開発・技術開発により、品質向上をはかり、独自の高価格を設定（一般クリーニングに比して、平均単価を約20倍に。客単価も20倍の20,000円を目標にしました）。

②経営管理の効率化

- 生産の効率化と付加価値の向上によって、高収益構造の創出。
 （売上総利益と営業利益を増加、研究開発費の削減など）
- トレーサビリティを確実に取り、お客・社員間の情報共有ができるようにし、より高度な顧客満足を得られるようにすること。
- 受注予測と計画的な生産調整
- マーケットを地域から全国へ展開
- 宣伝広告費を削減しても成長を続けるマーケティング手法の確立
- ITによる人材育成をはかり、個人の技能力を向上させて収入の増加をはかること。社員の定着率向上 → 社員満足度向上

3 IT経営の概要

(1) 経営課題解決のためにとった具体的方策

①事業全体の仕組みの全体最適化及び可視化

自社独自でフロントオフィスとバックオフィスとを串刺しによる一元管理できる「電子カルテシステム」、さらに「カウンセリングシステム」、「ラポールCRMシステム」、「洗浄仕分けシステム」、

「ナレッジ混流生産方式システム」、「検品教育システム」、予算管理の「キャッシュフローシステム」などを継続的に改善・開発し、統合させました。

(※注) 各システムの概要

「電子カルテシステム」：顧客から預かった衣料品の工程管理による業務の効率化及び情報の共有化（フロントオフィス－バックオフィス－顧客間）を目的とし、預り時点における衣服の状態、作業工程、納期、現状、請求金額、入金状況などの全業務を一元管理するシステム。

「カウンセリングシステム」：診断に基づいて作成された電子カルテに基づき、顧客に対する情報開示と説明責任を、正確且つ効率的におこなうためのカウンセラー専用システム。

「ラポールCRMシステム」：蓄積されたカルテデータベースに基づき顧客ターゲットを絞り込むことで、効率的な販促アプローチを可能にするシステム。

「洗浄仕分けシステム」：個々の衣服の洗浄処理についてその方法と結果をデータベースに記録するシステム。

「ナレッジ混流生産方式システム」：衣料品それぞれについての各工程における作業進捗状況をバックオフィス内の各工程の作業現場にテレビ画面でディスプレイ表示（見える化）するシステム。

「検品教育システム」：仕上げ作業を録画し、検品結果に基づいて該当アイテムの仕上げ映像を再生して見直しができるシステム。

②データベースや情報分析ツールの活用

「電子カルテシステム」による、事業全体の仕組みにおける要素分析に基づく数値データと、各システムにおける演算処理結果とを、データベース内に蓄積できるようにしました。そして、データベース内のデータを解析するプログラムを各システムに組み込むことで、管理者が不要となる高収益構造の経営モデルを実現させました。

③ホームページやwebサイトの活用

注文用のウェブページを「電子カルテシステム」と連動させて、ウェブからの注文（スマートフォンなどのモバイルにも対応）を受けるこ

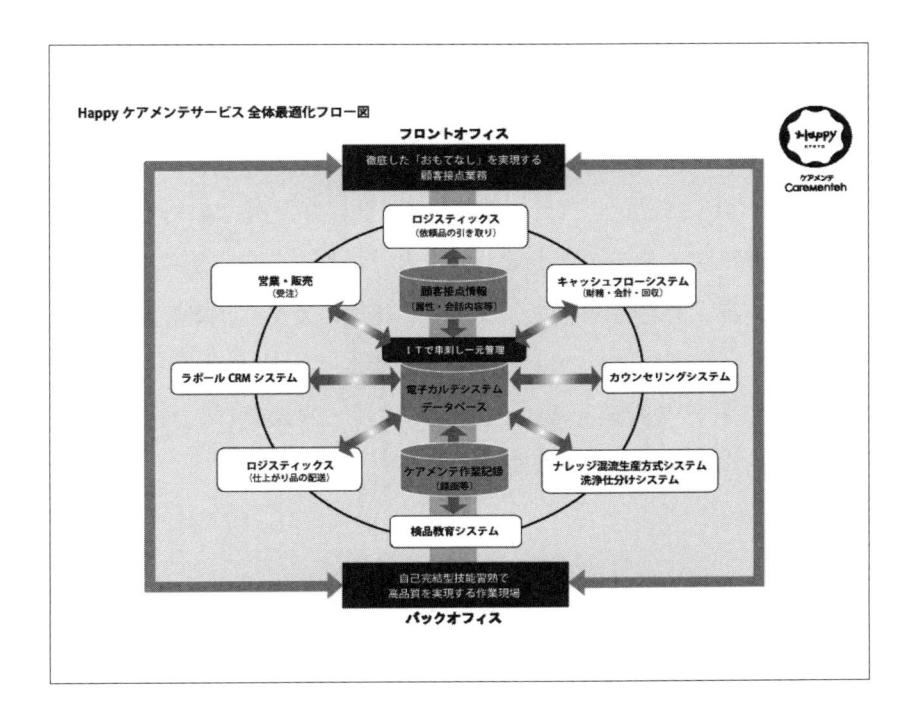

とができる仕組みを構築し、受注活動を効率的におこなえるようにしました。

(2) IT経営取組みの経緯

サービス業特有の労働集約型の勘に頼る（暗黙知）問題を克服し、永続的な高収益体質の事業を確立するという目的を事業開始当初から明らかにして、組織の構築に取組んできました。そして、各工程を分解・整備して、システムへ転嫁する作業を計画的におこなうと同時に、組み上げたシステムを常に評価して改善し続けることで、事業の仕組みを全体最適化し、可視化することで自己完結型の管理システム（ヒューマンプロセスマネジメント）という、サービス業にとって革

命的なモデルを構築するに至りました。

　ITがこれらの仕組みを構築してサービスイノベーションを起こす重要なツールであると捉えて、IT経営を推進してきました。

　なお、IT化にあたっては、業務内容が他に類を見ないもので外部の人に理解してもらうことが難しいことと日々の変化に適応し機動力のあるシステム活用を考えて、システム構築はすべて内製化にしてきました。

　現在、IT経営を推進する「システム管理・開発部」に一部の兼任者を含め8名を配置しています。

4 未来志向の「ハッピーケアメンテサービス」

　ハッピー事業の目的は、クリーニングサービスにイノベーションを起こして「ケアメンテサービス」という新しい産業を創出することであり、さらに高収益構造を創出して、社員の所得増加を促すことです。

　「常識を超えて、他に真似ができないこと」を構成要素の概念に据え、その解決には、「方法と原理を変えて新しい『価値』を創造する」ことを重要課題にしました。そして、経営と業務運営のマネジメントを仕組み化するために、ITを活用して全体最適化をはかり、価値創造設計を確立させました。つまり、価値創造設計の集大成が「ケアメンテサービス」ということです。具体的には、「電子カルテ」で串刺して一元管理し、フロント・バックオフィスの運営と運用を同一レベルで消化できるようにしたことです。

　「儲からない」と言われるサービス業を高収益化するには、サービスの業務・業態に、イノベーションが必要であると考えます。サービ

ス業にITを採用することで、サービス業の人材の育成をはかり、同時にテレワーク等の業務形態を構築し、ITと人間の調和・融合によって、サービス業の高収益構造を創出することが可能となり、当業界のような生活密着の底辺のサービス業を活性化することにもつながっていくと考えます。

　このような考えを踏まえ、技術をベースにした「ケアメンテ」のサービスの仕組み(ITシステム)を日本初で海外へ輸出できる可能性を探っています。

　当社は、未来志向の強い企業であると自負しており、業界の慣習にこだわらず、サービス業の革新をはかり続けていくことにより日本経済成長に貢献できると考えています。

● 成 功 要 因 ●

① 経営責任者が生産・生産技術・製品技術・営業・財務会計・労務・知財の全業務を把握・精通しており、その知識を基にして、全業務の全体最適を考慮したシステム構築ができたこと
② ITにより全体最適化された「ハッピースパイダーズネットワークマネジメント」が、社員の提案や課題提起などによって、日々、精度アップがなされていること
③ 誰でもが、ワンクリックで簡単に使えるようにしたこと
④ 内製で差別化でき、他が追随できない「イノベーション事業モデル」を構築できたこと

『中小企業IT経営力大賞2013』結果

　全応募数203件のうち、審査委員会による厳正な審査により、経済産業大臣賞2件、日本商工会議所会頭賞2件、全国商工会連合会会長賞2件、全国中小企業団体中央会会長賞2件、独立行政法人情報処理推進機構理事長賞2件、特定非営利活動法人ITコーディネータ協会会長賞2件、中小企業庁長官賞2件、審査委員会奨励賞7件が選ばれました。

株式会社 森鐵工所

「中小企業 IT 経営力大賞 2013」経済産業大臣賞受賞

本社所在地	：福岡県久留米市
資本金	：2,000万円
従業員	：34人（パート・アルバイトを含む）
設　立	：昭和9年
業種・業務内容	：金属製品製造業　タイヤ成型ドラム
URL	：なし
受賞対象のIT化の時期	：平成20年

代表取締役
森　春樹

【受賞の評価ポイント】

　「タイヤ成型ドラム」の世界唯一の専業メーカーとして、売上の80％を世界35ヶ国以上に輸出し、世界シェア40％を占めています。平成20年のリーマンショックにより、世界的な需要の減退と価格低下が求められる中で、平成21年度より、製品品質の確保、低コスト・納期短縮を徹底するために、全社を挙げて思い切ったITの活用、IT経営に取組んできました。具体的には、CAD／CAM、24時間無人運転可能なマシニングセンターの導入、進捗管理のためのITシステム・TVモニターの設置、提案営業・営業効率の向上のためのiPADの活用に取組みました。

　この間、人員整理をせず、将来予想される熟練工不足に備え、内製比率の引き上げをはかることで社員一人当たり生産高を平成23年では、平成21年の倍としました。こうした総合的なIT利活用により、業績にも大きな貢献をしている点が高く評価されました。

Summary

1 IT経営取組みによる成果

『中小企業IT経営力大賞』において経済産業大臣賞を受賞した際の応募内容にて、応募時点の成果を本格的なIT経営取組み時点との比較で示します。

（1）定量的成果の内容
①売上・利益の増大
売上の成長：H23年度の売上は、対H21年度で47％増

営業強化の効果もあり、リーマンショック前の売上に戻りつつある。

②業務プロセス関連
無人加工比率：5％増加（月当たり800時間）

1機種当たり納期短縮：平均約20日間

第2工場との加工打合せのための移動：240回→60回

（年間180回削減。工程管理の時間約120時間削減）

（2）定性的成果の内容
①最先端技術のマシニングセンター導入による成果

- 安定した精度と品質で加工する最先端技術のマシニングセンターや溶接ロボットを積極的に導入することにより、今まで以上に高精度な部品加工が可能となり品質向上へとつながりました。
- 多品種少量生産体制の確立と熟練工不足を解消することができました。
- 3次元CAD/CAMの導入後、少人数での設計業務遂行・機械加工の業務支援体制の確立ができ、マシニングセンターとの一体化に

より、さらに効率の良い多品種少量生産と、人的ミスの低減が実現できました。
- 機械加工実績データを集計・分析後に加工者へも配布し、社内で競争力を持たせる事で、社員のモチベーションや作業効率を大幅に向上させることができました。

②TV会議システム、iPAD等の導入による成果
- TV会議システムの活用により、常に最新の社内情報や問題意識の共有化ができ、全社一丸となって共通目標に向かってゆく会社運営体制をつくれました。
- iPADの積極的活用により、社内では迅速な意思決定が出来るようになりました。また、タイヤメーカーへの出張時には、お客様からの製造要求に対し具体的な改善案や導入にあたってのメリットを、iPAD内仕様データを参考に結果を瞬時に回答する事ができるようになり、効率の良い営業・提案型営業が可能となりました。

2 成果をもたらした経営環境の把握と経営課題の認識

(1) 当社の特徴

　当社は、国内の全タイヤメーカーと35ヶ国以上の海外主要タイヤメーカーに「タイヤ成型ドラム」を開発・設計・製造・販売し、世界シェアで約40％を占めています。「タイヤ成型ドラム」のみを開発・設計・製造・販売する企業としては、世界でも唯一の専業メーカーで、会社創業107年、「タイヤ成型ドラム」の専業メーカーとしても、70年以上に渡る歴史をもっています。

　当社製品は、特に剛性のある高耐久性と高精度の長期維持に優れて

おり、また製品を構成する主要部品には完全互換性をもたせているため、殆どメンテナンス・フリーを保証しています。これにより世界中の顧客は安心して弊社製品を導入することができ、タイヤの品質向上・生産性向上に大いに貢献しています。

（2）経営環境
①外部環境

　これまでは国内外のタイヤメーカーに対して高いシェアを維持してきたが、経済のグローバル化が進む中、輸出比率が増加する一方で、台湾、タイ、インドネシア、マレーシア等の新興工業諸国やBRICs諸国の企業からの顧客への売上攻勢が勢いを増し、厳しい価格競争への対応や納期短縮が求められています。近年の超円高も、当社にとって厳しい重荷となっていました。

　このような厳しい外部環境に対し、ITを積極的に活用して、コスト削減や納期短縮、及び、顧客要求に基づく新製品の開発等を実現させて国際競争力を増強させてゆくことが必要絶対条件となっていました。

②内部の状況
■作業効率の大幅改善の必要性

　製品の大まかな作業工程として、設計―機械加工―組立―検査とある中で、組立や検査は手作業が主体であるため、大幅な時間短縮は期待できません。そのため他の工程で自動化・無人化・少人化できる部分を大幅に増やし、作業効率を改善する必要があります。弊社の場合、100％受注生産で、ほとんどが多品種少量生産（年間：300台、部品点数：約9万点）や一品加工生産であるため、機械加工時には、部品一点に対し、加工段取りや加工用プログラムを作成して製造するため

時間がかかっていました。また、機械加工者は図面を詳細に確認して加工内容を把握し、図面寸法を見ながら、プログラムを作成していく必要があり、インプットミスや数字見間違いなどの人的ミスも少なくありませんでした。短納期・低価格に対応するには、効率の良い多品種少量生産体制を確立し、人的ミスを低減する必要がありました。

■工程管理のロス削減の必要性

　離れた場所にある第2工場には高生産性の機械設備があり、工程管理には毎日複数回の電話でのやりとりをおこない、また図面上での加工打合せの際には現地へ移動した上での打合せが必要でした。大型製品の組立をする際、組立進捗確認は数回必要なため、たびたび現地に行ってチェックや打合せをおこなうため、移動時間のロスが発生していました。加えて第2工場の作業者全員に正確な社内情報が共有できていないこともありました。

■営業力向上の必要性

　100％受注生産である当社の営業は、顧客との接点として重要な役割を担っています。打合せには技術的な内容も含むことから、大量の営業資料をもって営業活動をしていたため、資料を探すのに時間がかかり、スムーズな営業活動とはいえない面がありました。お客様の満足する営業活動ができなければ、受注へとつなげることができないという問題認識がありました。

（3）経営課題

　最新のNC機械を含む設備投資を毎年おこない、多品種少量生産に合う効率の良い生産体制を確立する。

　工程管理や進捗チェック及びそれに伴う打合せにITを利用し、効

率的かつ有効に実施できるようにする。特に、第2工場も含め全社員へ正確な社内情報を伝え、社内全体で情報を共有し、意思疎通をはかる。

　限られた営業時間内に、効率良く製品の高精度・高耐久性などの魅力をお客様へPRする必要があり、ITを活用しプレゼン力をUPさせる。

3 IT経営の概要

(1) 経営課題解決のためにとった具体的方策

　自社の強みを更に活かすため、高性能機械のフル活用と年間9万点にも及ぶ部品加工の工程管理・進捗管理の精度向上を目指しました。

　人材活用の面では、営業マン向け販促用iPAD導入で情報支援をお

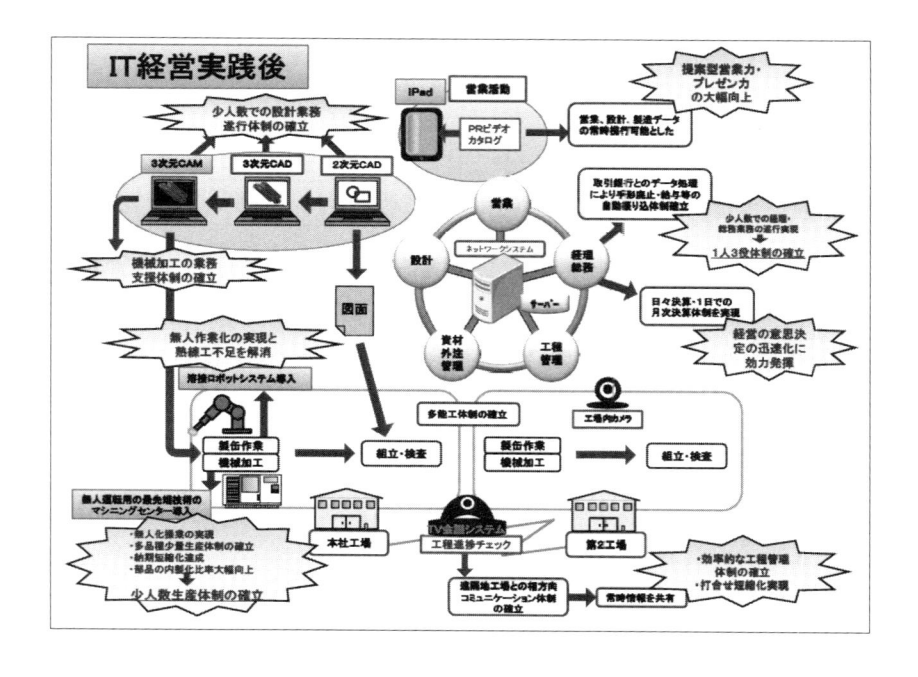

こない、また基幹部品の標準化と内外製区分を見直し、1人3役化を推進しました。加えて、銀行決済、損益・作業効率管理のための経理システムを導入しました。

具体的には、次のようなIT活用に取組みました。

- 3次元CAD－CAM－NCでの機械加工を一連化することで、組立時の干渉チェックや製品カタログ用に作成した3次元CADデータを元に、CAMでツールパスを設定し、機械加工用のプログラムを作成し、NC機械にプログラムを読み込ませ部品加工をおこなうようにしました。
- 本社と第2工場をインターネット回線でつなぎ、TV会議システムで、複数の作業者と同時に打合せを可能にし、全社員が工程管理やその他の情報を共有できるようにしました。工場内に設置したカメラにて各部署が随時、作業進捗・組立進捗・出荷進捗などをチェックすることができるようになりました。
- ITベンダのサポートを利用し、iPADへPRビデオや製品カタログ・図面・仕様書のデータ又は書類をデータ化したものを製品機種ごとに分類・整理し、ペーパーレスをはかりました。その他、経営資料などは最新資料を社内にて随時更新し、追加の写真、動画や参考資料などの営業資料は、社内にてiTunesを通しiPADへ保存するようにしました。

(2) IT経営取組みの経緯

経営者の問題意識や強い思いが全体を引っ張る形で、最先端技術のマシニングセンターや3次元CAD・CAMシステムの積極的な導入に踏み切り、無人化操業を可能とし、納期短縮とコスト削減をはかりま

した。

　また、ロボットシステムの導入で、熟練者不足を解消し、品質向上や社員のやる気アップに大きな成果を上げました。最先端のITツールを積極的に導入・活用することにより、社員の参画意識を高めることができ、情報の共有化や業務処理能力の向上を大いにはかることができました。

　IT推進リーダーは、トップのIT経営への強い思いを完全に理解し、営業・設計・製造の各部門のIT推進メンバーへの伝道者となりIT化を推進しました。また、マシニング導入後は日々の実績データを集計・グラフ化し導入効果を分析後、社長へ報告をおこなって迅速な意思決定を可能としました。併せて、結果を機械加工者へもフィードバック

直近5年のIT化の流れ

	直近5年					現在
2007年(H19年)	2008年(H20年)	2009年(H21年)	2010年(H22年)	2011年(H23年)	2012年(H24年)
CADを2次元→3次元へレベルアップ	・テレビ会議システム導入 ・無人化操業用マシニングセンター2台導入	取引銀行とのデータ処理提携により、手形廃止。自動振込システムの確立	・無人化操業用の同時5軸制御マシニングセンター導入 ・3次元CAMシステム導入	・溶接ロボットシステム導入、門型マシニングセンターや縦型大型マシニングセンター、大型正面NC旋盤の導入 ・iPadを導入し、経営管理や営業活動に積極的に活用	3次元CAD・CAMシステムのバージョンアップ
マニュアル・カタログ等製作にも使用	・遠隔地工場とのコミュニケーション体制の確立 ・無人加工時間大幅UP	少人数での経理・総務業務体制の確立	・夜間無人化操業が可能 ・図面完成と同時に加工プログラム完成	・熟練工不足を解消し、多能工化を実現 ・夜間無人化操業が可能 ・経営データ、営業・設計・製造データを常時携行が可能になった	高度のプレゼン資料や製品マニュアルの製作力のレベルアップ
⇩	⇩	⇩	⇩	⇩	⇩
資料製作力・プレゼン力の向上	効率的な工程体制確立	1人3役事務処理能力向上	生産性・品質の大幅向上	少人数生産体制、多品種少量生産体制の確立	
	納期短縮とコスト削減に効力発揮		機械加工の業務支援体制確立	迅速な意思決定、効率的な業務遂行	

し、社内での前向きな競争意識の向上によって、モチベーションアップや作業効率の向上に寄与しました。

また外部人材の活用として、ベンダに各種資料や写真などの書類やデータを渡し、製品機種ごとに分類し、当社オリジナルのデジタルコンテンツをiPADに収納させました。コンテンツのアイコンは製品写真を使用し、アイコンをタップしていくと、製品機種ごとの仕様や図面などのより詳細な資料が関連付けされて表示されるような、統合システムを構築しました。

4 ものづくり技術を活かすIT活用で成果拡大

世界特許を有す高い技術力と情報の機密性をベースに国内外の主要タイヤメーカーとの間に強い信頼関係をもち、世界シェア40％をもつ当社は、これまでにも中小企業庁「元気なモノ作り中小企業300社」に選ばれるなど数々の受賞歴をもっており、今後さらに多くの中小企業にヒントを与える企業として注目されます。

● 成 功 要 因 ●

① 長期的な視点に立った攻めの経営戦略にIT技術の進展を融合させて実施していること
② 自社の強みを生かした業務プロセスの再構築
③ 高機能なIT機器への積極投資を続けていること

『中小企業IT経営力大賞2013』
記念式典・表彰式

　2013年2月21日『中小企業IT経営力大賞2013』記念式典・表彰式がニッショーホール（東京都港区）にておこなわれました。

　記念式典では、基調講演、経済産業大臣賞受賞2社の経営者によるパネルディスカッションがおこなわれ、表彰式では、佐藤ゆかり経済産業大臣政務官のご挨拶のあと、共催機関を代表して岡村正日本商工会議所会頭のご挨拶、松島克守審査委員長（東京大学名誉教授）の講評があり、盛大に記念式典・表彰式が開催されました。

III 中小企業のIT経営推進

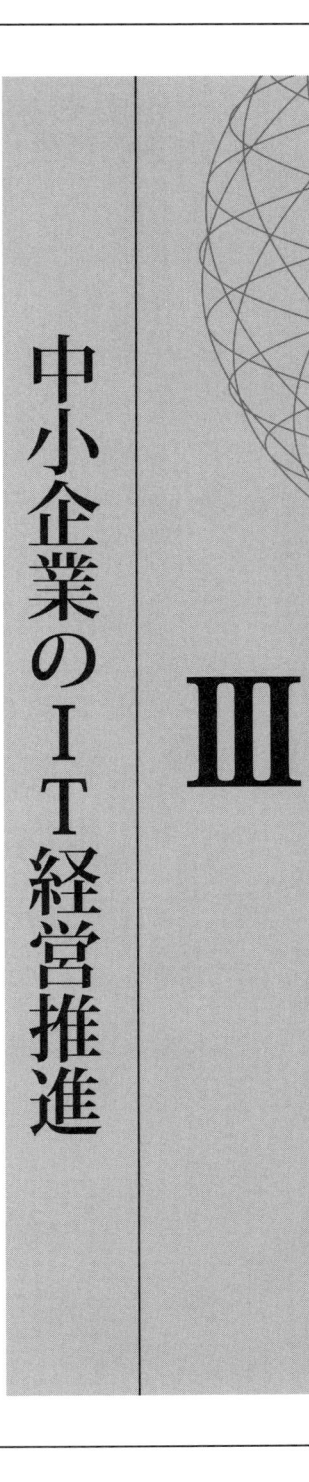

1 IT経営推進の手順

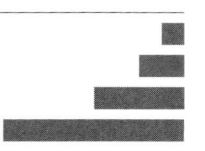

　IT化環境が日々進展していくなかで、「情報システムの構築」のあり方は、大きく変わってきています。情報システム導入の考え方は、クラウドコンピューティング、モバイル端末等の登場で大きく変わり、特に、運用面における利活用重視の傾向が強くなってきました。

　しかしながら、経営環境に適応できるビジネスモデルを設定し、経営課題をしっかり確認、業務プロセスの再構築、そのためのIT活用のあり方を考えての情報システムの導入、という基本的な考え方・手順に変化はありません（図3－1参照）。

図3－1　IT経営推進の手順

```
           1. 経営課題の明確化
                  ↓
           2. 業務プロセス構想の策定
                  ↓
   4. IT戦略の策定（IT化企画）  　3. 業務プロセスの整備
          ↓                          ↓
   5. IT化の資源調達          6-1. 各プロセスの運用設計
          ↓                          ↓
   6-2. 情報システムの構築    6-3. 運用体制の整備および運用準備
                  ↓
              7. 運用テスト
                  ↓
           8. 本番稼働
           （運用サービス・デリバリ）
                  ↑
           IT活用効果の監視と評価
```

（情報システムの導入）：4～6-2

(1) 経営課題の明確化

経営環境が激変していくなかで、当社との関わりにおいて従来とどこが変わってきているかを認識し、3年先ぐらいの「ありたい姿」を描いてみます。

その実現に向けて、どのような取り組みが求められるか、いわゆる「経営課題」を明らかにしていきます。

経営課題を明らかにしていく手順は、表3-1のように考えます。

表3-1

---

① 変化に気づく
② 自社の強みを再確認し、明らかにする
③ 経営者・経営幹部が今後のありたい姿を描く
④ 外部環境におけるビジネスチャンスと思える事項を抽出する
⑤ 強みを活かしての商品・サービス、客（事業領域）を設定する
⑥ 事業領域ごとに事業の持つ強み（S）と弱み（W）、事業推進上の好機（O）と脅威（T）に基づきSWOT分析をおこなう
⑦ 戦略的な成功要因を明らかにする
⑧ ビジネスモデルを設定する
⑨ ビジネスモデルを機能させていくための経営課題を明らかにする

なお、ビジネスモデルとは、設定した事業領域において、競合する商品・サービスよりも高い優位性を示し、想定したお客様から愛され、いかに勝ち抜いていくか、などの検討を通して設定される経営活動の仕組みをいいます。

(2) 業務プロセス構想の策定とその整備

ビジネスモデルを構成する機能を洗い出し、それら機能が円滑につながるように整理します。つまり、商品の流れ、それに関わる情報の流れが円滑であるかを機能情報関連図等を用いて確認しながら整理していきます。

業務プロセス構想の策定にあたっては、次の点に留意します。

表3－2　業務プロセス構想策定上の留意点

---
① サプライチェーン全体を考慮して、全体最適の視点から検討する。
② 現状の問題点解決から入るのではなく、ありたい姿を先にイメージしてから、現状とのギャップを確認し、ネックとなる箇所についての解決策を考える。
③ 全体のビジネスプロセスを俯瞰して、重点をおくべきポイントを明らかにして進める。
④ 自社の状況に即した実現性を考慮するも、現状にこだわり過ぎないようにする。
⑤ 環境は激変している。成功例、今後の動向など、外部の専門家も活用して、新たな視点から取り組む。

業務プロセスが整備された時点で、どのような運用をはかっていけばよいかの運用設計をおこないます。

円滑な運用の仕組みを検討するに当たっては、関係する企業間におけるデータ交換、日々の活動における情報交換・共有（特に現場での情報登録）、情報漏えい・紛失等のセキュリティなどに留意します。

(3) IT戦略の策定

ITの戦略的活用の視点には、一般的に次のようなものがあります。

- ビジネスモデルをより強化するためのIT活用
- 業務プロセス再構築へのIT活用
- 取引情報・顧客情報の分析と新製品・新サービス企画へのIT活用
- ノウハウ蓄積・伝承へのIT活用
- マネジメント高度化のためのIT活用
- コミュニケーションインフラとしてのIT活用
- その他競争力強化のためのIT活用

いずれも、経営課題の解決に向けて検討されるものです。そして、IT活用による成果目標(投資効果)を明らかにすることが求められます。

つまり、「**(1) 経営課題の明確化**」において設定した経営課題をIT活用によって、いかに解決していくのか、期待される成果はどの程度かを検討していきます。

具体的には、次のような事項を明確に決めます。

① **システム化の概要**

IT化の目的、対象範囲、達成目標、予算、スケジュール、推進体制など

② **業務プロセスモデル**

業務プロセスの狙い、各プロセスで利用する主要な画面・帳票、など

③ **IT化要件**

ハード・ソフト・ネットワークのIT基盤、業務アプリケーションの構築方法(パッケージソフト、SaaSの選定など含む)、運用に関連する事項、など

④ **運用状況の監視と評価**

改善要望や問題管理の対応方法、達成目標に対する評価方法、など

（4）情報システムの導入

IT戦略に従い、情報システムを導入していくまでの手順は、次のようになります。

① IT経営に必要な資源調達

IT化要件に従い、調達すべき必要な資源を明らかにし、それらに対して要求すべきサービスレベル（SL）を明らかにし、提案依頼書（RFP）を作成します。

RFPに基づき調達先から提案された内容を吟味して、調達先を選定し、SLを満足できるかどうか検討し、SLAを設定して調達に入ります。

> SLA（Service Level Agreement）：
> サービスを委託する者とサービスを受託する（提供する）者とが、サービスに関する品質範囲などについての要求水準についてお互いに合意しておくこと。

② 情報システムの構築

自社開発かパッケージソフトを利用するか、あるいはSaaS方式等クラウドコンピューティングを採用するかによって、構築方法は異なります。

限られた経営資源で、かつ環境変化が激しくなっているとき、クラウドコンピューティングの活用は望ましいかと考えます。なお、クラウドコンピューティングの活用にあたっては、図表のメリット・留意点も参照されることを期待します。

導入の実際にあたっては、IT化要件によって決められた方式によって、的確なプロジェクト管理をおこない、求める情報システムを構築します。

表3－3　クラウドコンピューティングのサービス活用のメリット

- 情報システムを自社で開発・構築することなく、すぐに必要な分だけを活用することができる（初期費用を抑えることができる）。
- IDC（Internet Data Center）とインターネットにつながる環境さえあれば、いつでも、どこからでも安全に活用できる。
- 事業所が複数個所ある場合でもリアルタイムに連続した業務をおこなうことができ、また情報共有も容易になる。
- 法令改正などに伴う情報システムのメンテナンスやバージョンアップの手間がかからない。
- （上記の関連で）IT化費用を安くできるなど。

表3－4　クラウドコンピューティングのサービス活用上の留意点

- 自社固有の入出力部分などについては、カスタマイズやデータ連携を考慮したシステム開発が発生する場合がある。
- 部分的に利用する場合、既存の情報システムとのデータ連携、および異なるメーカーのサブシステムとのデータ連携に留意する。
- クラウドベンダのSLAと実績を確認する。システムの冗長化、稼働保証、稼働実績、セキュリティ対策、暗号化・認証に関するオプションなどを考慮しているかを確認する。
- 海外データセンターでの運用リスク。海外本社や海外拠点にあるデータセンターは現地の法律に従って運用されているため、現地法に則って停止したり、差し押さえられる可能性がある。

(5) 運用体制の整備

　円滑な運用をおこなっていくために、取り組まなければならない事項は、次のようになります。

① 運用マニュアルの整備

運用マニュアルは、次の３つから構成されます。
- 業務運用マニュアル
- システム運用マニュアル
- 操作マニュアル

② 利用者のITリテラシの向上

利用者が、情報システムを活用できる腕を高めていきます。求められる腕の必要最小限は、次のようになります。
- パソコン・モバイル端末・インターネットの操作方法
- パスワード・ウイルス対応等のセキュリティに関する知識
- 異常時の対処方法（誰に、どのような連絡をすればよいかなど）

③ 運用体制（組織）の整備

運用担当者は、運用していく上で、大きく次の２つの役割を担います。
- 情報システムがトラブルなく稼動するための運用管理
- 利用者が支障なく情報システムを活用できような支援

限られた人材の中で、専任者を確保できる規模であれば良いのですが、他の業務と兼務される場合には、IT運用支援業務との関係、時間配分などをどのように調整していくかが課題となります。

上記の事項についての詳細は、次の「2．IT経営の推進体制」を参照願います。

(6) 活用効果の監視と評価

(3) IT戦略の策定で設定した達成目標が、運用過程で実現されているかを、同時に設定した評価方法に従い確認していきます。

① 効果目標達成の検証

設定した評価方法に従い、実測データに基づき、期待した達成目標との差が出ていないかを検証します。

導入当初は、不測の要件等により、思わぬ結果が出ることもあります。いずれにしても状況を正確に把握し、その原因を明らかにすることが求められます。

利用者の満足度を測る場合には、アンケート形式でデータ収集することが多いのですが、その場合、内容のバラツキが起きないように留意します。

② フィードバック

当初から目標どおりに達成されることは稀です。なぜ、うまく達成できたのか、なぜ達成できなかったのかの原因究明をおこない、その結果に従い、運用方法、状況によっては情報システムの内容を適宜修正します。

環境が大きく変わり、評価結果が当初設定の目標と大きく乖離が出た場合などのときは、必要に応じて、「(1)～(6)」の手順を再確認し、状況によっては繰り返します。

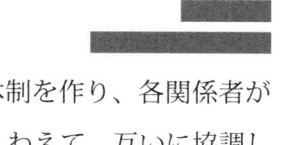

2　IT経営の推進体制

　IT経営の実現には、図3－2のような推進体制を作り、各関係者がその役割を適正に認識し、担っていくこと、くわえて、互いに協調しあって推進していくことが大切です。

　企業の規模・業態などによって、代表経営者とCIO（情報統括役員）とが同一の場合もあります。また、IT化部門とは、IT化の専任部門の場合もありますが、中小企業では、専任部門というより、他の管理部門の一部と兼務の場合も多いかと思います。

図3－2　IT経営の推進体制

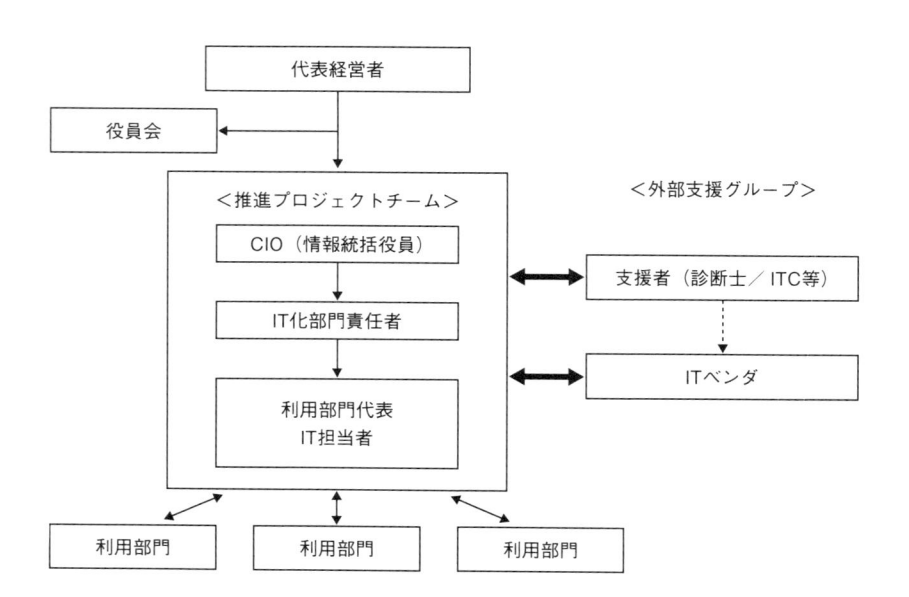

IT担当者についても、専任の場合もあれば、兼務の場合もあります。しかし、専任であっても兼務でも、求められる基本的な役割りは変わりません。

　これからのIT経営においては、従来以上に利用部門のIT化に関わる度合いが高くなります。特定の担当者ということではなく、一人ひとりの社員すべてが対象です。一人ひとりが、自分の職を全うする上での利活用はもとより、それぞれの関わりで発生する、そこに関わった人しかわからない情報を的確に、かつタイミングよく発信しなければいけないからです。

　また、IT化の環境が激変している今、専門的知識・ノウハウを持つ外部の支援者の活用が必須となるかと思います。

　外部の支援者には、中小企業診断士、ITコーディネータ、旧来からの商工支援機関の指導員・支援員、さらに平成24年度からスタートした国から認定された経営革新等支援機関の支援員などがおります。

　ITベンダとは、コンピュータメーカー、情報サービス業者、情報システム販売会社などユーザに情報システムおよびそれに付随するサービス等を供給する事業者を総称します。このITベンダ営業員、技術員も専門的知識・ノウハウを持つ支援者の一人です。

　中小企業のIT経営推進に関わる方々が、有機的に連携し、その時々の要請に速やかに、かつ適正な対応をとれるようにしていくことが大切かと考えます。

（1）CIOの役割

　CIO（Chief Information Officer：情報統括役員）とは、IT経営の推進について、主に表3－5にあるような役割を担います。

表3－5　　CIOの主な役割

- 経営戦略策定に際して、IT活用による影響についての具申（どのような「ビジネスモデル」を考えられるかなど）
- 経営戦略を踏まえてのIT戦略策定
- IT戦略の実現に向けてのIT化パートナー（ITベンダ）の選定
- 情報システムの的確な運用がはかれるような「組織文化」への変革（情報セキュリティへの意識変革を含む）
- 運用においての適宜モニタリング（環境変化に適応しての効果が投資に見合っているか）
- その他、外部に対しての情報化に関するコンプライアンスなど

10人程度の小規模企業においては、代表者が兼務するケースが大半ですが、このような場合でも一部の機能を代替できる代行者を決めておく必要はあります。代表者は、経営すべてに関わり、ときにはITに関わる緊急時であってもその問題に関われないことがあるからです。

（2）運用体制の考え方

情報システムを運用していく上で「情報システムがトラブルなく稼動するための運用管理」と「利用者が、支障なく情報システムを活用できような支援」の大きく2つの役割があります。

この役割を、人材に制約のある中小企業においては、下表に示すように、自社内でなければならない事項と外部へ依存してもよいこととを分けて考え、それぞれの状況に応じて体制整備し、運用していくことが肝要です。

表3-6　　内作と外部依存の作業区分

＜自社内で取り組むこと＞	＜外部依存できること＞
① IT化の意思決定	① 基本システムの維持管理
② IT化を推進していく上での社内要望のとりまとめ	② 業務システムの構築および維持管理
③ 日常の相談対応	③ 重要データの管理
④ 必要事項の入出力の管理	④ ITリテラシ向上に関わる研修
⑤ 最小限のセキュリティ管理	⑤ IT・先進事例などの情報提供
⑥ HPの日常の更新	⑥ その他
⑦ 表計算ソフト等でのプログラム開発	

参考1：支援者の役割

IT経営推進における役割と留意点

手　順	主な役割と留意点
1．経営課題の明確化	「変化への気づき」につながる支援 「課題の体系化・絞り込み」ストーリが見えるように
2．業務プロセス構想の策定とその整備	「全体最適」SC全体を示し常に意識。新たな視点から、現状とのギャップ確認
3．IT戦略の策定	「IT活用のメリット」の明確化（投資効果を見えるように）。稼働時期と計画（一緒に考える）
4．情報システムの導入	運用を意識してのシステム化要件の明確化、最新ITの情報提供、身の丈に合ったシステム、業者選定支援（サービスレベルの確認）、支援策の活用
5．運用体制の整備	「組織文化」「全員のITリテラシ」を考慮。日々の運用が的確におこなえるマニュアル整備
6．活用効果の監視と評価	「測定尺度」「測定タイミング」を明確に。結果確認を着実に。

中小企業に喜ばれる支援者の能力・ノウハウ

- 経営者の思いを聴き取れること
  経営者の漠然とした思い、悩みを聴き取り、体系的に整理し、具体化できる能力（ヒアリング能力、整理・体系化能力、業界／業種等に関する知識 など）
- 経営者に気づき（感動）を与えられること
  経営者が「よしやってみよう」という『気づき』が生まれるようにできる能力（対話能力（コーチング）、豊富な事例、話を整理する能力、成功のイメージが湧くようなプレゼン能力、シナリオ作成能力、豊富な事例、誠意など）
- 経営者に的確な解決策を提言できること
  「成功するまでやり抜く」という思いと明日の実行計画が見えるようにできる能力（課題発見能力、課題の整理能力（課題関連図）、戦略マップ作成能力、計画能力、経営資源の分析能力、豊富な事例、豊富な人脈など）
- 連携する企業間、ITベンダーなどの関係を円滑化できること
  組織文化の異なる、ときには利益関係が相反する企業間の関係を円滑化できるコーディネート能力（対話能力、課題の整理能力、豊富な人脈など）

「主役は、中小企業者」を常に認識して、全力投球!!

参考2：ITベンダの役割

情報システムの導入における役割と留意点

1. ユーザにとってのメリットを明確に示す。
   ユーザの経営環境を確認し,IT化によるメリット（効果）を具体的に示す。（くれぐれも、カタログ性能の提示だけに終始しないようにする）
2. ユーザ視点に立った提案をする。
   ユーザから言われたことだけを満足すればよいという考えではなく、業種・業態、規模等を考慮し、ユーザにとっての課題解決につながる提案をする。ユーザの業界動向、競合他社等で、適用できそうな事例を踏まえて。
3. 既存のシステムとの連携も考慮する。
   既に導入されているシステムとの連携（特にスムーズなデータ連携）に配慮する。すべて新たなシステムにコンバージョンする場合には、既存の蓄積データの継承、入出力方法の類似化に配慮する。
4. その他
   - セキュリティ、ネットワーク環境、OSなどについては、ベンダが責任を持って提案する（投資対効果、IT化の適用範囲などを考慮して）
   - 極力短期間で納入できることを考える
   - 約束（納期、価格など）は必ず守る
   - カスタマイズ不可ではなく、カスタマイズを極力少なくできる提案をする

情報システムの導入における役割と留意点

1. ユーザからの問合せに24時間、365日対応できるようにする
   ユーザの業種・業態、IT化の範囲等から対応内容・方法について、ユーザ視点で取り決める。
2. 速やかなメンテナンス対応をできるよう配慮する。
   導入後ユーザ都合で仕様変更、システムの追加は起こり得る（経営環境が激変故）。入出力関係で、ユーザ対応可能なものは導入時に確認しておく。
3. 迅速、かつ低価格対応できるメンテナンス体制をつくる。
   自社納入のソフト・ハードに限らず、速やかな問題切り分け含め、ユーザ目線で対応できるようにする。
4. その他

ITベンダのビジネスモデルの革新が急務!!

3 中小企業のIT経営に関わる支援策の推移

(1) 国のIT化推進

　IT革命が話題になり、今日のITについて国としての取り組みは、平成13年に「高度情報通信ネットワーク社会推進戦略本部（IT戦略本部）」を内閣に設置されてからです。

高度情報通信ネットワーク社会推進戦略本部（IT戦略本部）

　情報通信技術（IT）の活用により世界的規模で生じている急激かつ大幅な社会経済構造の変化に適確に対応することの緊要性にかんがみ、高度情報通信ネットワーク社会の形成に関する施策を迅速かつ重点的に推進するために、平成13年1月、内閣に設置されました。

　　http://www.kantei.go.jp/jp/singi/it2/index.html

　この前年に「高度情報通信ネットワーク社会形成基本法（IT基本法）」が制定されております。

高度情報通信ネットワーク社会形成基本法（IT基本法）

　　　　　　　　　　　　　　　　　　　　　平成12年11月29日

① 目的

　情報通信技術の活用により世界的規模で生じている急激かつ大幅な社会経済構造の変化に適確に対応することの緊要性にかんがみ、高度情報通信ネットワーク社会の形成に関する施策を迅速か

つ重点的に推進すること
② **定義**
　「高度情報通信ネットワーク社会」とは、インターネットその他の高度情報通信ネットワークを通じて自由かつ安全に多様な情報又は知識を世界的規模で入手し、共有し、又は発信することにより、あらゆる分野における創造的かつ活力ある発展が可能となる社会をいう

　　　http://www.kantei.go.jp/jp/singi/it2/hourei/gaiyou.html

　そして、平成13年1月に「e-Japan戦略」が発表され、「e-Japan重点計画」が3月よりスタートしました。e-Japan戦略は「5年以内に世界最先端のIT国家」を目指すということでした。

e-Japan戦略
　基本戦略
（1）国家戦略の必要性
　世界最先端のIT環境の実現等に向け、必要な制度改革や施策を5年間で緊急・集中的に実行するには、国家戦略を構築して国民全体で構想を共有することが重要である。
　民間は自由で公正な競争を通じて様々な創意工夫をおこない、政府は、市場が円滑に機能するような環境整備を迅速におこなう。
（2）目指すべき社会
　1．すべての国民が情報リテラシーを備え、豊富な知識と情報を交流し得る。
　2．競争原理に基づき、常に多様で効率的な経済構造に向けた改

革が推進される。
3. 知識創発型社会の地球規模での発展に向けて積極的な国際貢献をおこなう。

その後「IT新改革戦略」が平成18年に「世界に先駆けて2010年度にはITによる改革を完成し、我が国は持続的発展が可能な自律的で、誰もが主体的に社会の活動に参画できる協働型のIT社会に変貌することを宣言する」として発表されました。

IT新改革戦略（平成18年1月）**の概要**
今後のIT政策の重点
1. ITの構造改革力の追求
   (1) 21世紀に克服すべき社会的課題への対応
      ○ ITによる医療の構造改革
      ○ ITを駆使した環境配慮型社会
   (2) 安全・安心な社会の実現
      ○ 世界に誇れる安全で安心な社会
      ○ 世界一安全な道路交通社会
   (3) 21世紀型社会経済活動
      ○ 世界一便利で効率的な電子行政
      ○ IT経営の確立による企業の競争力強化
      ○ 生涯を通じた豊かな生活 i
2. IT基盤の整備
   (1) デジタル・ディバイドのないIT社会の実現
      ○ ユニバーサルデザイン化されたIT社会

> ○「いつでも、どこでも、何でも、誰でも」使える
>   デジタル・ディバイドのないインフラの整備
> （2）安心してITを使える環境の整備
>   ○世界一安心できるIT社会
> （3）人材育成・教育
>   ○次世代を見据えた人的基盤づくり
>   ○世界に通用する高度IT人材の育成
> （4）研究開発
>   ○次世代のIT社会の基盤となる研究開発の推進
> 3．世界への発信
>   ○国際競争社会における日本のプレゼンスの向上
>   ○課題解決モデルの提供による国際貢献
>
> http://www.kantei.go.jp/jp/singi/it2/kettei/060119honbun.pdf

そして、さらに「2015」をターゲットとする「i-Japan戦略2015」が発表されました。

> **i-Japan戦略2015**（平成21年7月6日）
> **2015わが国の将来ビジョン（骨子）**
> - デジタル技術が「空気」や「水」のように受け入れられ、経済社会全体を包摂し（Digital Inclusion）、暮らしの豊かさや、人と人とのつながりを実感できる社会を実現
> - デジタル技術・情報により経済社会全体を改革して新しい活力を生み出し（Digital Innovation）、個人・社会経済が活力を持って、新たな価値の創造・革新に自発的に取り組める社

> 会等を実現
>
> http://www.kantei.go.jp/jp/singi/it2/kettei/090706honbun.pdf

さらに、政権が変り平成22年に「新たな情報通信技術戦略」が発表されました。

> **新たな情報通信技術戦略**（平成22年5月11日）
> **目的**
>   情報通信技術革命の本質は情報主権の革命である。政府・提供者が主導する社会から納税者・消費者である国民が主導する社会への転換には、徹底的な情報公開による透明性の向上が必要であり、そのために情報通信技術が果たす役割は大きい。
>   国民が主導する社会では、市民レベルでの知識・情報の共有がおこなわれ、新たな「知識情報社会」への転換が実現し、国民の暮らしの質を飛躍的に向上させることができる。
>   今回の情報通信技術戦略（IT戦略）は、過去のIT戦略の延長線上にあるのではなく、新たな国民主権の社会を確立するための、非連続な飛躍を支える重点戦略（3本柱）に絞り込んだ戦略とする。
>
> http://www.kantei.go.jp/jp/singi/it2/100511honbun.pdf

そして、平成25年5月24日に『世界最先端IT国家創造』宣言～第二次安倍内閣の新たなIT戦略～ が発表されました。

概要は、次の通りです。

> Ⅰ.基本理念

1. 閉塞を打破し、再生する日本へ
   - 景気長期低迷・経済成長率の鈍化による国際的地位の後退
   - 少子高齢化、社会保障給付費増大、大規模災害対策等、課題先進国
   - 「成長戦略」の柱として、ITを成長エンジンとして活用し、日本の閉塞の打破、持続的な成長と発展
2. 世界最高水準のIT利活用社会の実現に向けて
   - 過去の反省を踏まえ、IT総合戦略本部、政府CIOにより、省庁の縦割りを打破、政府全体を横串で通し、IT施策の前進、政策課題への取組
   - IT利活用の裾野拡大に向けた組織の壁・制度、ルールの打破、成功モデルの実証・提示・国際展開
   - 5年程度の期間（2020年）での実現

Ⅱ.目指すべき社会・姿

　世界最高水準のIT利活用社会の実現と成果の国際展開を目標とし、以下の3項目を柱として取り組む。

1. 革新的な新産業・新サービスの創出と全産業の成長を促進する社会の実現
2. 健康で安心して快適に生活できる、世界一安全で災害に強い社会
3. 公共サービスがワンストップで誰でもどこでもいつでも受けられる社会の実現

　詳細は、下記URLを参照願います。

　　http://www.kantei.go.jp/jp/singi/it2/dai61/siryou2-2.pdf

(2) 中小企業のIT化支援策

　中小企業のIT化支援の概要は、表3－7「ITの進化と中小企業IT化支援の変遷」のようになっています。

　中小企業支援に関する基本的な考え方が変わったのは、平成11年に中小企業基本法が改正されたときです。それまでの「弱者救済型」から「やる気のある中小企業の支援」に変わりました。

中小企業基本法の改正の「理念の転換」

　従来は、経済の二重構造論を背景とした非近代的な中小企業構造を克服するという「格差の是正」が政策目標であり、いわば「脱中小企業論」でしたが、新中小企業基本法では、多様で活力ある中小企業こそが我が国経済の発展と活力の源泉であり、中小企業の自助努力を正面から支援するという理念の転換がみられました。

　　http://www.alps.or.jp/chuokai/organ/199912/1-1.html

　そして、平成12年に「中小企業指導法」が「中小企業支援法」に改正されました。

　また、「情報」が経営資源として位置づけられ、経済産業省は、平成13年3月に「中小企業のIT化の方向と支援策」を発表、4月に「中小企業IT化推進計画」を次のように示しています。

中小企業IT化推進計画（平成13年4月12日　中小企業庁技術課）

　中小企業のIT化の現状を踏まえ、中小企業のIT化推進に向けての基本的方針を示しつつ、中小企業自身の取り組むべき課題及び国、自治体、商工会議所などの各機関の役割と課題、更には各

表3-7　ITの進化と中小企業IT化支援の変遷

時期	IT化の狙いとIT化施策	ITの進化	IT化に関わる経営課題	都道府県の支援組織、法律等
昭和30年代後半～	事務処理の効率化 情報化施策の黎明期	・メインフレーム（汎用コンピュータ）を中心とする集中処理 ・専門技術者が主役	・「情報」の価値の認識 ⇒ 情報化社会 ・開放経済へ移行 ⇒ 経済活動の「知識集約化」	・中小企業情報化支援の開始（中小企業振興事業団による情報収集・総合所を通じた情報提供） ・中小企業総合指導所 ・中小企業指導法
昭和50年～	事務処理の効率化 ⇒戦略的情報化 現場での情報活用 中小企業地域情報センターの設立・指定法人化	・オフコンの普及 ・パソコンの普及 ・分散処理（クライアントサーバシステム：CSS） ⇒エンドユーザーコンピューティング ・情報ネットワーク化	・情報収集力などの「ソフトな経営資源」の重視 ・定型的業務の省力化・効率化	・都道府県担当職員への人件費補助の一般財源化 ・中小企業総合指導所と中小企業地域情報センターとの併存 ⇒ 後者の指定法人化（補助金交付） ・(改正)中小企業指導法
平成元年～	戦略情報化 現場での情報活用 ⇒IT革命 情報ネットワーク化への施策拡充	・コンピュータ技術と通信技術の結合 ・インターネットの登場 ・モバイル端末の普及	・産業の空洞化・消費構造の変化など産業構造変化への対応 ⇒ 対応としてのSIS、BPR、SCM、CALS、CRM ・CIOの役割の高まり	・(財)全国中小企業情報化促進センターの設立 ・情報化支援テーマ・機関の多様化 ・中小企業地域情報センター ・(改正)中小企業指導法
平成11年～	・IT経営 国家戦略としてのIT化支援 e-japan戦略 IT新改革戦略	・通信環境の向上などでインターネットの急速普及 ・電子タグなど自動認識技術の普及	・電子商取引の普及 ・Web2.0、SNSなどへの対応 ・IT利活用のステージアップ ・情報セキュリティへの対応	・中小企業IT化政策の大転換 ・IT化を推進する国の各種戦略の策定 ・都道府県中小企業支援センターへ改組 ・中小企業支援法
平成20年～	・IT経営 i-Japan戦略2015 クラウドコンピューティング時代のIT化支援（J-SaaS等）	・クラウドコンピューティング ⇒ 情報システムを「作る」から「利活用」へ ・新しいモバイル端末の普及	・SaaS活用などクラウドコンピューティングへの対応 ・CGMなど新しいWebサービスへの対応 ・ITによる地域経済の活性化 ・産業競争力の強化	・ITによる地域の活性化・産業競争力の強化 ・情報化支援施策の国による「事業仕分」 ・地域力連携拠点 ⇒ 中小企業応援センタ ⇒ 中小企業支援ネットワーク強化事業 ・中小企業支援法

(出典:「中小企業IT化支援43年の歩み」p.139)

> 機関が連携して取り組むべき課題について整理をおこない、平成15年度末を目途とした中小企業のIT化推進に関する具体的な計画として定めたもの。
>
> **中小企業者が取り組む課題**
> 　（1）経営者の意識変革と経営戦略
> 　（2）組織・人材・販売力の強化
>
> **中小企業と公的機関が連携して取組む課題**
> 　（1）企業間・産学間連携の促進
> 　（2）地域内におけるIT促進運動の促進
> 　（3）ネットワーク組織の推進
>
> 　　http://www.meti.go.jp/kohosys/press/0001476/0/0412it.html

　「中小企業IT経営力大賞」のベースとなった「戦略的情報化投資活性化支援事業（愛称：ITSSP／ITソリューション・スクエア・プロジェクト）」がスタートしたのは、平成11年です。経済産業省と独立行政法人情報処理推進機構（IPA）が、「より多くの企業が経営に役立つ情報化を実行することによって企業競争力を高めること」を目的として展開したものです。この事業の一環として、「ITコーディネータ」制度も検討され、平成13年に「経済産業省推進資格」となっています。

　そして、「ITSSP」の後継として「IT経営応援隊」が平成16年に始まり、「中小企業IT経営力大賞」の前身である「IT経営百選」は、この一環として実施されています。

　「IT経営応援隊（中小企業の経営改革をITの活用で応援する委員会）」は、平成16年度（2004年度）に中小企業における経営改革のためのIT活用を促進し、中小企業における企業競争力の強化及び中小企

業のIT活用を支援する地域情報サービス産業の企業競争力の強化、ひいては我が国産業全体の競争力強化を図ることを目的に、民間企業、金融機関、ITコーディネータ等の専門家、地方自治体、中小企業支援機関及び経済産業省が連携して設置されました。

このIT経営応援隊事業の一つとしてIT経営百選選考委員会を設置し、経営戦略、IT活用の2つの観点から中小企業経営者の目標となり得るような企業を選出する「IT経営百選」事業を実施しています。平成16年度には、134件の応募があり、111件を選出しました。「IT経営百選」として選出された企業は、経営者自らが、事例発表会等において、経営戦略、IT活用についての事例等を広く中小企業者へ普及・広報することにより、中小企業の経営改革・IT活用の高度化を促進させています。平成18年度においても引き続きこの運動を促進し、全国で171件の応募があり、IT経営百選選考委員会にて選考を実施した結果、「IT経営百選」として認められる企業160件を選出したので発表しています（http://www.ipa.go.jp/about/press/20061002-2.html）。

なお、ITSSPの時代に「中小企業戦略的IT化促進事業（旧IT活用型経営革新モデル事業）」も実施されています。

また、中小の地域ITベンダー支援を狙いとし、地域のITユーザーと地域ITベンダーの連携強化を推進する「地域イノベーションパートナーシップ（略称RIPs：Regional Innovation Partnership）」が、平成21年度より3年間実施されています。

中小企業（特に小規模企業）のIT化促進を狙いとしたクラウドサービス：J-SaaSを、経済産業省が平成21年3月にリリースし、平成22年からは、富士通が継承し運営しています（https://ec.j-saas.jp/）。

(3) 中小企業の支援機関

「IT経営」の推進に向けて、中小企業の皆様が気軽に何でも相談できる支援機関について、それぞれの概要や支援の特徴などを以下で簡単に紹介します。

① 独立行政法人中小企業基盤整備機構（http://www.smrj.go.jp/）

経済産業省中小企業庁管轄で、全国10ヶ所（北海道、東北、関東、中部、北陸、近畿、中国、四国、九州の地域本部と沖縄事務所）にて、「身近で、迅速、的確なサポート」を合い言葉に、中小企業に関する各種相談対応、専門家派遣等含めてオールラウンドに対応してくれます。

② 商工3団体

全国の市町村に存在し、地域振興含め、地域の中小企業の皆様に対する支援機関として「**商工会議所**」と「**商工会**」があります。

- **商工会議所**：全国に514ヶ所あります。
  日本商工会議所（http://www.jcci.or.jp/）。
- **商工会**：各都道府県の市町村で、商工会議所がない地域にあります。なお、各都道府県に商工会連合会があり、全国的には**全国商工会連合会**があります（http://www.shokokai.or.jp/）。

同じような課題を持ち、立場にある中小企業者同士が互いに協力・助け合い、事業経営を充実・強化していくことを目的に作られた組合を支援する機関として「**中小企業団体中央会**」があります。

- **中小企業団体中央会**：各都道府県にあり、全国的には**全国中小企業団体中央会**があります（http://www.chuokai.or.jp/）。

③ 都道府県等中小企業支援センター

各都道府県および政令指定都市に存在し、経営上の課題、資金調達

等に関する相談等各種相談に応じる機関です（http://www.chusho.meti.go.jp/soudan/todou_sien.html）。

④ **独立行政法人情報処理推進機構**

ソフトウェア及び情報処理システムの健全な発展を支える戦略的なインフラ機能を提供するプロフェッショナル集団で、情報処理技術者試験等の人材育成などをおこなっています（http://www.ipa.go.jp/）。

⑤ **日本政策金融公庫**

国の政策の下で政策金融に求められる各種ニーズに対応し、同時に創業支援、海外展開支援、農業の６次化支援等をおこなっています（http://www.jfc.go.jp/）。

⑥ **公益財団法人全国中小企業取引振興協会（全取協）**

「中小企業の取引（下請取引を含む。以下、同じ。）のあっせん」並びに「中小企業の取引、中小企業の情報化及び中小企業に対する設備の貸し付け等を行う事業」に関する情報提供、各種調査・研究、研修等の実施をしている機関です。

中小企業の情報化を推進する機関として平成元年に設立された「**全国中小企業情報化促進センター**」（略称NIC）を平成23年に統合しています（http://www.zenkyo.or.jp/gaiyou/zenkyo.htm）。

⑦ **その他**

流通情報に関する支援機関として「**一般財団法人流通システム開発センター**」、中小企業等協同組合を主に金融支援をおこなう「**株式会社商工中金**」、信用金庫等の金融機関、大学の共同研究センター、大学の持つ特許を含めて大学との橋渡し的支援をおこなう**TLO**（Technology Licensing Organization）などもあります。

これらの支援機関を連携させて、中小企業の皆様の相談対応などをワンストップで支援できるようにすることを狙いに、平成20年度から下記のような制度が実施されました。

　地域力連携拠点：中小企業診断士などの企業支援のプロフェッショナルが応援コーディネータとして各拠点に配置し、他の中小企業支援機関等とのつながりを活かし、経営力の向上や事業承継等、中小企業が直面する課題に対してワンストップできめ細かな支援をおこなうことを狙いに、全国で316機関を採択し、平成20年5月からスタートしました（平成21年度は、327機関）（平成21年度で終了）。

　中小企業応援センター：「地域力連携拠点」と基本的な狙いは変わりませんが、より効率的に（1）関係機能の集約化、（2）専門家派遣事業への集中などの見直しをおこなった上で、全国で87ヶ所に集約し、平成22年4月からスタートしました（平成22年度で終了）。

　中小企業支援ネットワーク強化事業（ネットワークアドバイザー制度）：この制度も上記と基本的な狙いは変わりませんが、中小企業が抱える経営課題への支援体制を強化するため、地域の中小企業団体、地域金融機関、税理士、NPO等の中小企業支援機関等（以下、「支援機関」という）からなるネットワーク（以下、「中小企業支援ネットワーク」という）を構築し、支援機関の連携の強化、支援能力の向上を図るとして、平成23年4月からスタートしました（平成24年度で終了）。

　経営革新等支援機関：さらに、中小企業を巡る経営課題が多様化・複雑化する中、中小企業支援をおこなう支援事業の担い手の多様化・活性化を図るため、平成24年8月30日に「**中小企業経営力強化支援法**」が施行され、中小企業に対して専門性の高い支援事業をおこなう経営革新等支援機関を認定する制度が創設されました。上述した支援

機関も含め、中小企業支援に多く関わっている税理士等も含め、一定の資格要件を満足し、支援をしていきたいと希望する支援機関を国が認定し、認定された機関を「経営革新等支援機関」と呼びます。

地域プラットフォーム拠点：国・地方の政策情報のワンストップ提供、各種支援策の申請機能のワンストップ化、中小企業と専門家のマッチングなどを狙いに、地元でのひざ詰めの相談、研修、ビジネスマッチング等を実現するため、地域の中小・小規模企業、支援人材、支援機関から成るネットワークを構築します。

さらに、100万社以上の中小・小規模企業が、気軽に専門家や先輩経営者等からの高度で生きた知識・ノウハウの提供を受けられる、1万以上の専門家・支援機関等が参画する**ITクラウド**を活用した**プラットフォーム**も構築されます。

上述の他に都道府県、市町村の自治体の商工関係部署でも相談対応してくれます。また、WEB上で、中小企業支援に関する各種情報提供検索できる中小企業ビジネス支援情報提供サイト「J-Net21」（http://j-net21.smrj.go.jp/）もあります。

中小企業経営者にとって、それぞれの支援機関は決して敷居は高くありません。「IT経営」に興味や関心をもたれて、チョット相談してみたいというときには気軽な気持ちで足を運んだり、問い合わせをしていただきたいと思います。

いろいろ参考になる情報・助言等をもらえると思います。

IV

これからのIT経営に向けて

1 スマホ、タブレット、クラウドで変わるIT経営

　日本の経済はアベノミクスに代表されるように、デフレ脱却から成長へ大きく舵を切り替えつつあるように見えます。リーマンショック後の世界を覆った閉塞感からの脱出への大きな期待が、そうさせているのかもしれません。その成否をあれこれ批判をする前に、それこそ「やってみなはれ」というチャレンジ精神、イノベーションが必要であることはいうまでもありません。変革を求めながら、現状を変えたくないという人がいたら、それはあきらかに矛盾しています。

　多くの政治家、経済学者、経営学者も、そして官庁も、口ぐちに中小企業が日本の基盤だ、雇用の中心だといいます。中小企業は約2,800万人に就業の場を提供し、非一次産業の約7割を担っています[1]。中小企業の大きな役割が、雇用の維持・創出にあり、まさに日本経済の成長には、中小企業の発展が不可欠なのです。まず、その認識の共有がなされるべきであることはいうまでもありません。

　ITは激的に進化していると言われます。しかし、クラウドであろうとビッグデータであろうと、タブレットであろうと、それらの技術は、やってみなければ、それを活用してどんな効果をもたらすのか、その真価を理解することはできません。新しいITへの投資をどう評価し、意思決定し、IT経営をいかに具現化するのかが大きな課題です。

（1）中小企業のIT化は本当に遅れているのか

　日本の中小企業のIT装備率は大企業に比べて非常に低いといつもいわれます。IT経営が進んでいないというのです。そのため、経営

の改革が進まず、結局、実体経済が停滞せざるを得ないのです。このように、IT経営による中小企業の成長が日本経済の成功シナリオであることは間違いありません。しかし、多くの調査では、中小企業にはPCが導入されているけれども、経営にうまく使えていないと報告され、とりわけ、攻めの経営への戦略的な活用に至っていないと言われています。中小企業の経営のイノベーションのために、まずITを"やってみる"ことから始めてみるべきでしょう。

　さて、420万社といわれる中小企業のうち、経営戦略をたて、ビジネスモデルを構築し、積極的に経営をおこなっている企業はどのくらいあるでしょうか。もともと、自社の経営を真剣に考えていない層をとらえて、中小企業はITに不熱心だととらえることは妥当ではないはずです。企業の規模や業種以上に、経営者が経営にどう向かい合っているかを、まず問うべきなのです。

　ノークリサーチの「2011年度版中堅中小企業におけるスマホ・タブレットの活用実態と展望レポート」[2]によると、この新しい道具を活用している業務の上位は、CRM(Customer Relationship Management：顧客関係管理)、グループウェア、ワークフロー、CTI（Computer Telephony Integration)、そしてメールであると報告されています。いずれも、従来型の業務でないことがわかります。つまり、新しい道具を、従来業務の移行というよりも、新しい業務に活用しようとしていることがわかります。まさしく、今、起こっている大きな変化は、従来とは別の現場で起こっていることを示しているのです。

(2) 新しいツールはすでに身近に

　検索エンジンのGoogleを使ったことがない人はほとんどいないで

しょう。Facebook、Twitter、LINEなどのSNSサービスにも多くの人たちはなじんでいます。これらの人たちは、それをクラウドサービスだなどと意識せず、まるで水と空気のように使用しており、ひょっとするとアンケートでは、クラウドをよくわからないと答えているかもしれません。ITが身近に広がっていることを示しています。

　これらの道具を、プライベートのみならず仕事の場にも活用しようとするBYOD（Bring your own device）も浸透しつつあります。大手企業はセキュリティの観点から消極的ですが、中小企業においては、もはやIT経営の重要なツールとなっています。ちょっとした連絡であれば、社員個人のスマホにメールする方が早いのです。業務システムと連携すれば、自動的に情報が伝えられます。それを公私混同として分けてしまうのは、煩わしいだけです。セキュリティと利便性は相反するものかもしれないので、強固なセキュリティ対策を実施すれば、中小企業の優位性であるスピードを低下させてしまうかもしれません。

　たとえば、CRMというアプリケーションも、中小企業にとっては、営業日報、顧客管理が中心であって、大規模システムを構築するよりも、簡単なクラウドアプリ、それも無料あるいは安価なサービスを使って、顧客の現場から、上司に迅速に面談結果や販売進捗情報をアップすることから始める方が、効果的です。

　SkyDriveやサイボウズLiveなどのファイル共有サービスを用いれば、すぐにでも、担当者間、部門間、さらに、顧客との情報共有が簡単に実施できます。利用者は、スマホやタブレットを、業務に活用しながら、その後ろにクラウドがあることを意識せず、効率化を実現できるのです。そのスピード感こそ、大きな価値なのです

　三重県の結婚式場の華王殿では、iPadを使って、結婚式のイメー

ジをビジュアルに提案し、顧客の心をつかんでいます。広島の化粧品製造販売のヤマサキはスマホを使って顧客から直接注文を受け、さらに、営業担当者もスマホで売上状況の報告をあげ、トップ自ら、それを見ながら現場との意見交換を頻繁におこなっています[3]。

　タブレットを使った安価なPOSシステムの導入が開始されました。また、カードリーダーを付けるだけでクレジット処理をおこなうクラウドサービスも数社から提供されるようになりました。さらに、電子教科書、電子書籍は、出版社を経由せず、個人でもネット販売できるなど、スマホ、タブレットによってビジネスの方法の大変革が起こっています。

　大変革は先進諸国だけで起こっているわけではありません。ケニアでは、M-PESAというという送金サービスが、銀行口座を持たない貧しい人たちの便利なサービスとして普及しているなど、新興諸国がモバイル機器の最大の人口を持つに至っています。まさに、世界同時IT革命が起こっているのです。日本だけがITを活用できないなどというのは信じられないことです。身近にある新しいツールを使えないことは、中小企業にとっては経営上の大きなリスク、経営体質の低下にまでつながってしまうのです。

2 IT投資戦略の変革

　IT投資を費用対効果だけで意思決定するというのは、もはや時代遅れです。グローバリゼーション、IFRS[4]、クラウドコンピューティングなどの新たな環境では、明らかに多くの点で不適合な事態が生じています。IT投資によって自然に効果が得られるはずもなく、むしろ、ITと経営情報を道具として、どのように経営に働きかけ、どのように企業全体の持続的な成長を達成するかが、IT経営だからです。そして、最近では、企業の価値を高めることがIT投資の新たな目的になってきました。

　しかし、まだ、実務では、費用対効果が求められ、経営者からは、なんぼ儲かるのかと問われます。さて、どのようにしてIT投資をマネジメントすればよいのでしょうか、考えてみましょう。

（1）費用対効果を高めるIT投資戦略

　ITが企業経営に本格的に活用されるようになってから、経済性評価が実施されるようになりました。従来のIT投資マネジメントでは、投資収益率などの採算性の算定方法や評価基準という経済性評価が中心でした。とりわけ、さまざまな効果を、費用の削減、利益の増加のように眼に見える貨幣価値に換算して表現するためのモデル化に取組んできました。

　さらに、効果の金額が算定された後に、回収期間法や、正味現在価値法などを用いて、財務的、客観的に評価をおこなうとしてきました。しかし、実証データに基づいて、IT投資と効果との客観的な因果関

係を検証しようと試みてきましたが、両者の間には関係があるという主張もあり、ないという主張もあり、結論は出なかったのです。当然です。

このような費用対効果アプローチは、投資内容がよければ必然的に投資効果が達成できるかのような情報を提供してきました。しかし、効果は、各企業の活用状況に依存し、成功事例をそのまま実施しても同じ効果が得られるはずもないのです。

IT投資を正しい方法で評価し、意思決定すれば、期待通りの成果が得られるわけではありません、とりわけ、現代の不確実な経営では、どう活用するかが重要であり、それに関わる人の意欲や意識、部門間、企業間の効果的な連携が大きな成果をもたらすのです。

(2) 経営戦略を支援するIT投資戦略

企業業績が悪化しているときに、IT投資だけが増えていたら経営者はどう思うでしょうか。きっと、ムダ使い、金食い虫と言うに違いありません。その結果、経営戦略に沿ったIT投資が不可欠であると主張されるようになりました。SIS（Strategic Information System）、すなわち戦略的情報システムの提唱です。

SISの投資評価はさらに難しいものでした。日本では、経営戦略を支援する戦略的なIT投資においては、費用対効果による採算性評価以上に、総合的評価が重視され、その有力な手法としてバランスト・スコアカード（Balanced Scorecard; BSC）が活用されました。財務、顧客、内部組織の効率化、学習と成長の4つの視点に配備されたKPI（Key Performance Indicator: 重要業績指標）を改善するための戦略的活動項目を、IT投資が支援するのです。

図4-1 合意形成アプローチ

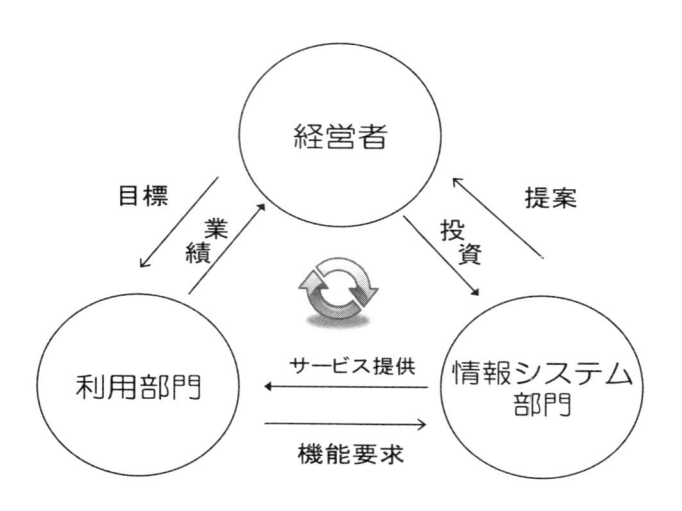

```
            経営者
    目標   ↗    ↖   提案
    ↙  業績  投資  ↘
           ↻
  利用部門 ← サービス提供 ― 情報システム部門
         → 機能要求 →
```

　あわせて、戦略マップを用いて、経営戦略と目標を、部門目標や施策にブレークダウンし、効果的な戦略遂行のために、「何を実行し」、「何を管理すべきか」を可視化しようとしました。とりわけ、戦略遂行のためにはIT投資だけではなく、人材育成、組織文化、情報蓄積などが必要です。その整備状況を前もって評価し、成果を最大化することに備えることが重要になります。

　個別プロジェクトの費用対効果を客観的に因果関係づけるよりも、IT投資に関わる利害関係者間での合意形成を重視する合意形成アプローチ（松島, 1999, 図表4－1）、すなわち経営者、事業部門、情報システム部門の3者が、効果的に目標を設定することが成果を最大化するために有用であると提唱しました。とりわけ、戦略的なIT投資では、厳密に経済性評価を追及するよりも、何をすべきかを重要な課題としたのです。

図4－2　従来のIT投資と戦略的IT投資マネジメントの違い

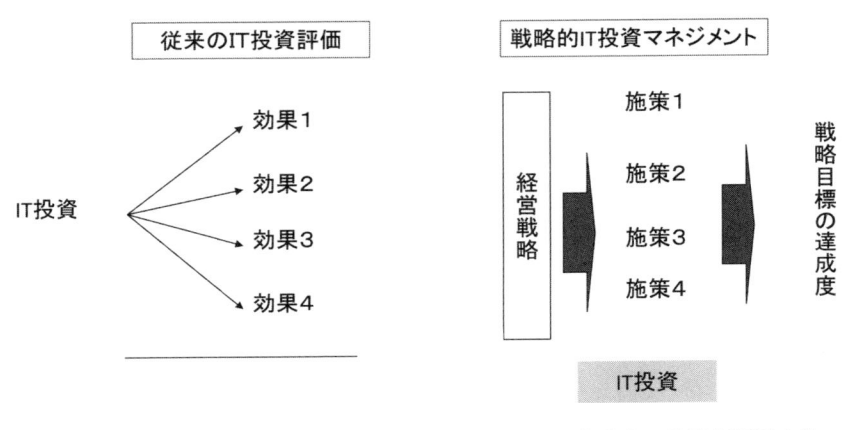

```
  従来のIT投資評価              戦略的IT投資マネジメント

           → 効果1                    施策1
           → 効果2          経営       施策2        戦略目標の達成度
  IT投資  → 効果3          戦略       施策3
           → 効果4                    施策4

                                      IT投資

効果金額の合算で効果を評価する   戦略目標の達成度で効果を評価する
```

出典：藤原，大串他(2012)

　利用部門は、事業目標を支援するための成果を確約し、情報システム部門は必要な情報サービス機能の提供を確約し、経営者はタイムリーな投資を確約します。情報システム部門は、IT投資を経営者に提案するけれども、効果を実現するのは経営情報を活用する利用部門です。利用部門が業務遂行に活用することによって効果を業績に変え、経営者に報告することができます。

　このような投資実行サイクルによって、IT投資は効果的に回収されます。経営者、情報システム部門、利用部門という3者が、投資と効果の関係について調整し、効果的な合意をはかり、協調的な行動をとることで、IT投資が成功すると考えるのです。

　とりわけ、売上高増大を目的とするような戦略的IT投資においては、その効果は必然的に得られるわけではありません。IT投資は事業活

Ⅳ　これからのIT経営に向けて ── **195**

動遂行のための手段として事業を支援するのであって、事業目標や業務改革目標が先に設定され、不確実な状態で概算的なIT資源と費用が合意され、承認されるのです。

戦略的なIT投資領域であればあるほど、戦略の選択、優先順位が重要になります。すなわち、いくら投資をして、いくら利益があがるという因果関係でなく、目標を達成するために、何を実施し、いくら必要なのか、資源獲得のための費用を確保することが目的なのです。すなわち、経営目標を達成するという目的のために、必要となる機能を開発し、利用者に提供し、目標達成を支援するのです。

(3) 企業価値を高めるIT投資

個別プロジェクトの採算性評価から、年度および中長期における企業全体での効果的なIT予算配分プロセスを重視するようになってきました。財務的評価を重視すれば、財務的に評価しにくい全社共通的なインフラ投資や部門横断的なプロジェクト、実験的なプロジェクトなどは採用されにくくなります。

多様なIT投資プロジェクトを組み合わせ、全社最適を目指すIT投資は、企業価値の増大を次の目標とするようになりました。全社最適の中心は長期的なIT資産の有効活用、効率的運用にあります。その基本はIT資産台帳の整備にあります。それが整備されていなければ、有効性も評価できず、稼働後のシステムの保守・運用や稼働評価、改善活動も実施できません。

IT投資は、競争力を目的とした戦略実施のための支援ツールですから、運用管理をうまくおこなうことは、戦略を支援するのと同じです。通常のビジネスを維持できる程度のコストでよいというのは、戦

略を軽視していることです。ITは持続的成長への投資であり、経営者自身が前向きな投資と捉えることが重要です。

従来、通常の資産に関して、財務会計では償却年数で管理してきました。しかし、ソフトウェアはIT環境の変化によって使えなくなることがほとんどで、機能の劣化ではないのです。そのため、財務会計上の償却年数と実際の使用年数とが異なってきます。まさしく、IT資産管理とは活用度を管理することなのです。

従来のIT資産管理では、保守・運用費が肥大しているにもかかわらず、財務会計の固定資産台帳による償却費管理、ライセンス管理、固定資産ラベルの貼り付けによる資産台帳管理などが中心だったのです。したがって、形式的な管理にとどまり資産分析にまで手が回っていないのが現状です。

償却済みの稼働資産がどう活用されているかにもまったく関心が払われませんでした。そのため、保守費は最初から削減の対象としてしか考えられず、厳密な分析に基づくバージョンアップや更新、再構築の意思決定などおこなわれてこなかったのです。ライフサイクル全体での保守費の傾向を分析することで、保守しやすい、ムダな保守をしないようなシステム開発が志向されます。

採算性とは、個別プロジェクトに対して意思決定をおこなうためのひとつの評価情報であり、そこに全社最適の観点は含まれていません。ITの資産価値とは、稼働中のIT資産が将来、会社にもたらす利益を現在の価値に置き換え可視化したものです。したがって、構築済みのインフラや他の稼働中の情報システムを有効活用することは、IT資産価値を増大することにつながるはずです。

さらに、あるソフトウェアをバージョンアップしたら、別のアプリ

図4－3　IT投資マネジメントのライフサイクル

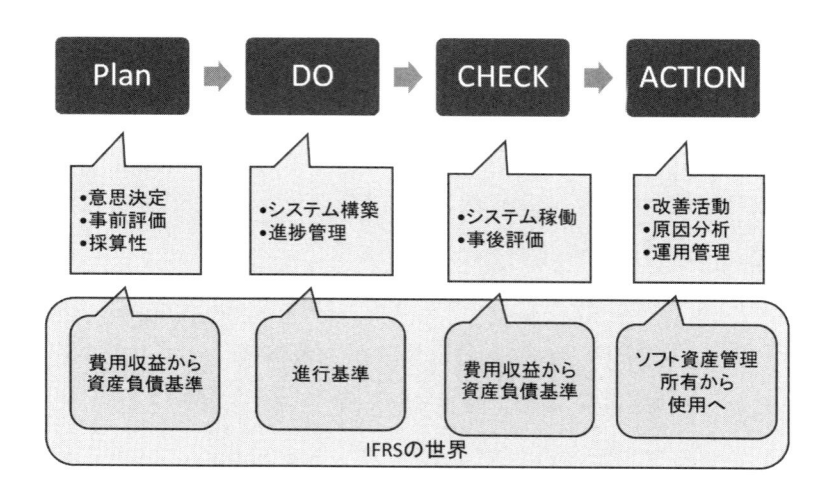

```
Plan → DO → CHECK → ACTION
```

- Plan
  - ・意思決定
  - ・事前評価
  - ・採算性
- DO
  - ・システム構築
  - ・進捗管理
- CHECK
  - ・システム稼働
  - ・事後評価
- ACTION
  - ・改善活動
  - ・原因分析
  - ・運用管理

IFRSの世界
- 費用収益から資産負債基準
- 進行基準
- 費用収益から資産負債基準
- ソフト資産管理 所有から使用へ

ケーションが正常に動かなくなることがしばしば発生します。保守発生やバージョンアップのタイミングを明らかにし、計画的に検討し実施することによって、不要かつ突然の費用発生を回避するとともに、着手済みの案件でも環境変化によって優先順位が低下したプロジェクトの停止や中断を決断でき、予算を垂れ流すような事態が避けられるのです。

　また、稼働資産を実態に応じてきめ細かく管理し、その資産価値を高めるために、アプリケーションプログラムやインフラの共有化を進めます。活用度や効果を全社視点で評価し、システムごとに保守・運用費を比較することで、あまり使用されず資産価値の低いシステムにおいて、保守費が増大しているソフトウェアを発見することができるでしょう。寿命の長い、かつ有効活用されるIT資産を増加させることこそ、IT資産管理による企業価値の増大なのです（松島, 2013, 図

表4−3)。

　IT戦略の観点からも、IT資産台帳を用いて定性的な要素も加味して、システムの活用度や満足度、期待効果の実現状況についてライフサイクルの視点で確認します。まさしく、これらの膨大なデータを活用して管理することが、クラウド時代に適合する効果的なIT投資マネジメントなのです。

3 中小企業のIT経営基盤整備に向けて

(1) クラウドの利用が進まない本当の理由

　中小企業のIT経営にクラウドが有効であると言われ続けてきましたが、普及が進む気配が一向に見えません。ノークリーサーチの「2012年利用実態とユーザー評価」[5]によれば、中小企業で、自社の基幹系業務をクラウドに移行している企業は、わずか3.5%に過ぎません。移行しない理由として、「人がいない、特に運用管理負担」、「利用中アプリを変えたくない」をあげ、クラウドへの関心は低いとみられています。

　ではクラウドは、本当に、中小企業のIT経営に役立たないのでしょうか。セキュリィティや、カストマイズが困難であることがしばしば問題視されますが、それが本当の理由でしょうか。同じ調査によれば、中小企業向けアプリケーションパッケージの販売は順調で、決してIT活用に不熱心とは思われません。とりわけ、会計、人事給与などの法規制関連の定形型アプリケーションパッケージは広く普及しています。この領域は、自社開発が少なく、主要パッケージベンダーのシェアが

高く、安価で、手作業からの移行型IT投資領域でもあります。

　それに対して、生産管理やCRM、ERP（Enterprise Resource Planning）などは、専門ベンダが多く自社開発も多いのです。つまり各社独自の処理が必要と考えられ、SIベンダへの発注も多く、高価なIT投資領域になっています。それは業務改革型IT投資でもあります。

　移行型IT投資に比べて、業務改革型IT投資は費用と期間がかかります。したがって、業務改革型の中心である基幹系アプリのクラウド化に消極的であるとの経営者の回答は、移行が困難であることを示しています。カスタマイズすればするほど、自社開発すればするほど、移行のためのコストは多くかかります。積極的になれない本当の理由はここにあります。つまりクラウドの費用よりも、移行コストの問題なのです。

　定形型アプリケーションの領域にも、クラウド化されたアプリが登場しています。しかし、その領域の移行も進んでいるとはいえません。この領域は、機能や性能が優れているというよりも、多くの会社が採用している安心できるパッケージだからという理由で選択されてきたからです。ユーザはクラウドであるかどうかではなく、安心できるサービスであることを求めているのです。そこに本当の理由が潜んでいるように見えます。

（2）新しいワインは新しいグラスに、古いワインは？

　現行業務をクラウドに移行するかどうかのみを議論するのは適切ではありません。新しいワインには新しいグラスを、これが今のIT投資戦略に適切な態度でしょう。多くの企業はスマホ、タブレットを用いて、新しい領域にチャレンジし成功しています。では、古いワイン

も新しいグラスに注ぐべきでしょうか、今までと同じ古いグラスに注ぐのがよいのでしょうか。つまり、現行業務もクラウド化すべきかどうかです。

おそらく、移行作業がほとんどなければ、安価に運用できるクラウドで実施するかもしれません。ツールをうまく選べば、間違いなく成果があがるに違いありません。しかし、現在、安定して運用できている業務を新しいIT環境に変更する際には、変更作業が発生するだけではありません。必ずしも費用が安くなるとはいえない場合もありますし、使い勝手になじんでいれば移行したくないと考え、抵抗するのも当然です。したがって、移行の目標、動機に照らして、関係者の合意形成が重要になるのです。

たとえばBCP（Business Continuity Program）つまり事業継続の必要性などは、経営者、利用部門も理解しやすいかもしれません。顧客企業からのネット受注への対応という営業上のメリットがあれば、それも、合意形成に役立つに違いありません。

(3) 情報システム構築はコラボ型で

情報システム構築方法の見直しも始まっています。従来は、要件定義をおこない、それにもとづいてベンダへ提案依頼文書を作成することが重要な活動でした。そのためには、発注者、すなわち中小企業であっても、詳細な仕様を明確にしなければいけません。要求定義文書を境界として、発注者と受注者の機能や責任が分かれてしまうのです。

このようなアプローチは、「新しいワインを新しいグラスに注ぐ」という新しい情報システム構築には適さない場合が多いのです。できる限り早目に、さまざまなツールを試してみて、情報システムを試作

し、提供されるツールをどうしたら有効活用できるかどうかを検討することが効果的だからです。

　このような開発には、専門家や支援機関と協同で知恵を絞る必要があります。ベンダーに要求を突きつけるのではなく、ツールをうまく使って、自社の経営戦略の目標をどのようにして達成するのか、どのようにITを活用するのか、関係者が、みんなで協議しながら進めるコラボ型の開発がクラウド時代には適しているように思えます。

　ある場合には、自社の業務の変更を決断する方が効果的です。自社の業務をそのままにして、カストマイズを要求すれば、後々のバージョンアップに際して、変更作業が発生し、高い費用を払わなければならなくなります。今、要求している機能は、本当に自社の強みになるのかを十分検討し、そうでなければ標準的な機能を有効活用する方が効率的であることを、専門家、支援機関、ベンダーの知恵を借りながら構築するのも、また、最善の方法なのです。

（4）企業間の情報連携による資金の円滑化

　クラウドは、社内のみならず企業間での情報連携に役立つと言われています。その典型が、ネットによる電子受発注でした。しかし、今なおFAXによる受発注が多いのが現実です。それでは、受発注業務と他の販売管理、生産管理との情報連携が実施できず手作業に頼らざるを得ません。まず受発注業務の電子化に取組むことがIT経営の一丁目一番地と言えます。

　また、企業間でサプライチェーンの情報ネットワークが進められている企業でも大きな課題が残されています。モノの流れの電子化が達成され、円滑に納入されたことだけでは経営活動は完了しません。検

収、請求、入金があってこそ経営に価値をもたらします。このような現金化のサイクルは、CCC（Cash Conversion Cycle, 在庫回転日数＋売掛債権回転日数＋仕入債務回転日数）と呼ばれ、材料を仕入れてから売り上げ計上、そして入金されるまでの期間を示す、経営にとってきわめて有用な指標になっています。

　日本の上場企業100社と米国の上場企業100社の財務データを基にしてCCCを算定すると、驚くことに、米国企業が44.6日であるのに比べて、日本企業は平均62.7日と、約20日間の開きがあることが判明しました[6]。この期間、受注企業が資金負担をしているわけですから、日本企業はすでに資金的に大きなハンディを負っていることになります。このような相違は、月締めで請求し、支払う日本の伝統的な商習慣が原因です。ネットワークの時代にこの遅さは一体何なのでしょうか。

　この指標は、日本の生産性の低さの象徴でもありますが、もろに中小企業にのしかかっています。中小企業の犠牲のもとに、日本経済が成り立っているという国あげての共通認識が不可決です。ここにこそ、IT経営が必要な理由があります。もはや、経営者の好き嫌いや、意識付け、ITの進歩、普及を待っている段階ではありません。

　当然ながら、企業間の情報連携がなければ手作業が発生します。入金情報が注文情報とリンクされていないため、入金の照合作業に関する膨大なムダが残されています。国際標準[7]である"インボイスベース"、つまり納品伝票単位の支払いへ移行すべきです。

　IFRSでは、出荷から納品基準へと売上計上のルールが変わります。納品後、速やかに支払われることで、受注側の資金負担は大幅に軽減します。中小企業の資金繰りの苦しさは、発注側の支払いの遅れ、そ

れも月末に支払うという商習慣にあるのです。平準化された支払い、迅速な支払いを日本全体でおこなうことによって、サプライチェーンのスピードアップとともに、資金流のスピードアップも図れます。

　締めで処理するのはバッチ処理時代には適した処理方法であって、インターネットの時代には適しません。資金の流出入が締め日に偏ることは、中小企業経営者の心理的不安を高めるだけではなく、国全体の資金リスクを高めます。とりわけ、リアルタイム支払いによる資金流出入の平準化は、資金蓄積が少ない中小企業にとって実効ある経営支援となります。

　また、受発注データを金融機関と共有し、注文情報を物的担保に続く代替的な担保とするサプライチェーンファイナンスが、国際的に提供されるようになってきました。注文に基づいて発生する材料や部品の調達に必要となる資金需要を補完する金融機関の新しいサービスです。調達を円滑に運ぶための資金流の動脈の機能を果たすのです。

　さらに、XMLや、XBRLの発展、普及にともない、タグの標準化を進めることで、企業間、業界間のデータ連携は大幅に前進します（岩本・ホフマン，2010）。IT経営は、ネットを活用したデータ連携のステージへと発展すべき時が来ました

4 まとめ

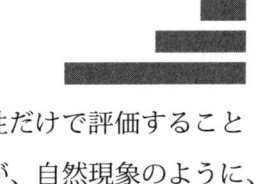

　すでに言い古されたように、IT投資を、経済性だけで評価することは正しくありません。一定の内容を持つIT投資が、自然現象のように、どの企業でも同じような効果をもたらすなどあり得ないからです。IT投資は、企業の戦略、目標を実現するための道具であり、そこには、明確な目標があって初めて効果が目に見えるようになるのです。

　効果を企業経営に有効活用するためには、変わらず、IT投資への戦略が必要です。企業戦略の実施を支援するIT投資をどのように進めていくべきか、どのようにIT投資を進めることが企業経営に貢献するのか、このようなIT投資の戦略を意識することは、クラウド時代でも重要になります。

図4−4　IT投資価値の変遷

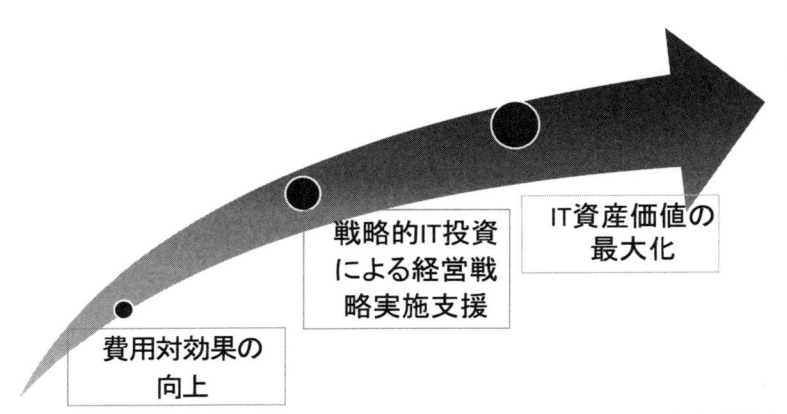

- 費用対効果の向上
- 戦略的IT投資による経営戦略実施支援
- IT資産価値の最大化

出典：著者作成

IT投資の戦略は、経済的利益を求める第１段階、戦略目標の達成を支援する第２段階、そして、IT資産価値の向上を通じて企業価値を高める第３段階へと進化してきたのです。まさに今、なのです。

　新しい段階では、数多くのツールがクラウドから提供され、手が届く状態になっています。経営者は、人に任せるのではなく、経営者自らが学習し、自社にあった情報システムの構築に介入する時代になったのです（栗山, 2013）。そうすれば、まさしく、大企業と異なる中小企業ならではのIT経営の風景が間違いなく見えるはずです。

【注】
（1）『中小企業白書2009年版』の2006年時点での統計データによる。
（2）http://www.norkresearch.co.jp/pdf/2011smptab_usr_rep.pdf
（3）会社を伸ばすモバイル活用研究会（2013）
（4）International Financial Reporting Standards; 国際財務報告基準
（5）http://www.norkresearch.co.jp/
（6）サプライチェーン情報基盤研究会の金流商流情報連携タスクフォースによる調査研究
（7）国連CEFACTが公開している標準
　　　（http://www.jastpro.org/un/about_cefact.html）

【参考文献】
岩本敏男・チャールズ・ホフマン『IFRS時代のレポーティング戦略―XBRLで進化するビジネスのしくみ』ダイヤモンド社，2010年。
会社を伸ばすモバイル活用研究会『会社で使うタブレット・スマートフォン2013』リックテレコム，2013年。
栗山敏『情報システム構築を伴う経営改革プロジェクトを成功に導く経営者の支援行動』白桃書房，2013年。
中小企業庁『中小企業白書2009年版』経済産業調査会，2009年。
藤原正樹・大串葉子他『中小企業のIT投資ガイドブック』財団法人全国中小企業取引振興協会，2012年。

松島桂樹『戦略的IT投資マネジメント』白桃書房，1999年。
松島桂樹編『IT投資マネジメントの変革』白桃書房，2013年。

【執筆者紹介（五十音順）】

■ 岡田　浩一 ……………… Ⅰ、Ⅱ（オオクシ，ホワイトベアーファミリー，モトックス）執筆

明治大学経営学部教授
主要著書：『ケースで学ぶまちづくり』（共編著、創成社、2010年）。『地域再生と戦略的協働』（共編著、ぎょうせい、2006年）。『中小企業政策の国際比較』（共著、評論社、2002年）。『中小企業の現状とこれからの経営』（共著、中央大学出版部、1999年）。

■ 小野　省 ……………… Ⅱ（八幡ねじ，ヤマサキ，森鐵工所）執筆

特定非営利活動法人ITコーディネータ協会（ITコーディネータ）
主要著書：『野球が語る仕事のしくみ仕事のしかた1から9』（著書、パレード、2013年）、『図解でわかる生産の実務 工程管理』（共著、日本能率協会マネジメントセンター、2003年）、『めざせ！ITコーディネータ』（共著、日本能率協会マネジメントセンター、2001年）。

■ 久保寺　良之 ……………… Ⅱ（タガミイーエクス，田中精工，東海バネ）執筆

特定非営利活動法人ITコーディネータ協会前常務理事・事務局長
主要業績：1968年日本電気株式会社（NEC）入社、製造業、プロセス業向けシステム提案、構築に従事。NECソフト執行役員を経て、2006年よりITコーディネータ協会常務理事・事務局長。

■ 髙島　利尚 ……………… Ⅱ（東洋ボデー，グルメン，メトローン，小林製作所，モトックス，ハッピー）、Ⅲ 執筆

TMI主宰（中小企業診断士、ITコーディネータ）
主要著書：『中小企業の経営革新ノウハウ48』（共編著、同友館、2006年）。『ITソリューション』（共編著、同友館、2000年）。『未来型オフィス構想』（共編著、同友館、1998年）。

■ 松島　桂樹 ……………… Ⅳ執筆

武蔵大学経済学部教授、岐阜経済大学経営学部客員教授
主要著書：『IT投資マネジメントの変革』（著書、白桃書房，2013年）、『情報ネットワークを活用したモノづくり経営』（著書、中央経済社，2004年）、『CIMで変わる製造業』（著著、工業調査会，1990年）。

2013年8月20日　第1刷発行

中小企業のIT経営論

Ⓒ編著者　岡　田　浩　一

発行者　脇　坂　康　弘

発売所　株式会社　同友館

〒113-0033　東京都文京区本郷3-38-1
TEL.03-3813-3966
FAX.03-3818-2774
URL http://www.doyukan.co.jp/

落丁・乱丁はお取り替えいたします。　　　　　　神谷印刷／松村製本所
ISBN 978-4-496-04996-5　　　　　　　　　　　　Printed in Japan

> 本書の内容を無断で複写・複製（コピー）、引用することは、特定の場合を除き、著者者・出版社の権利侵害となります。また、代行業者等の第三者に依頼してスキャンやデジタル化することは、いかなる場合も認められておりません。